Curso para los que empiezan

AGILE PROJECT MANAGEMENT

"Mi trabajo no es hacérselo fácil a la gente. Mi trabajo es hacerlos mejores. Hacer una selección desde diferentes partes de la compañía, limpiar sus vías y obtener recursos para los proyectos clave. También tomar personas importantes dentro de la compañía para apoyarlos y que sean aún mejores."

STEVE JOBS

ÍNDICE DE CONTENIDOS

PRÓLOGO	4
BLOQUE I. GESTIÓN TÉCNICA DE PROYECTOS	5
Herramientas para optimizar la gestión de proyectos (software)	5
Gestión ágil con SCRUM y Kanban	27
Gestión de multiproyectos	68
Design Thinking	75
BLOQUE II. COMUNICACIÓN EMPRESARIAL	97
Habilidades de Comunicación	97
Negociación Avanzada	124
Liderazgo y Transformación	147
Gestión del Talento y nuevos modelos de organización	177
Gestión de equipos de alto rendimiento	189
BLOQUE III. ESTRATEGIA Y NEGOCIO	205
Business Intelligence	205
Customer experience	227
Estrategias Digitales	244
Nuevos entornos	254
Value Proposition Design	266
Generation Business Models	270
AGRADECIMIENTOS	281

PRÓLOGO

Desde que comencé, hace ya algunos años, a dedicarme a esta disciplina, me di cuenta de que has de ser muy bueno en planificación, diseño, ejecución, seguimiento, control, saber cerrar los proyectos con éxito y controlar los recursos sobre todas las cosas.

Necesitas tener habilidades de liderazgo que te permitan ejecutar planes, mantener una comunicación eficaz al hablar con tus compañeros de equipo, negociar y llegar a acuerdos.

Con este libro pretendo dar una visión global a aquellos que empiezan en este mundo sobre técnicas de dirección de proyectos, haciendo hincapié en la comprensión de sus conceptos básicos y hablando brevemente de técnicas más avanzadas, aunque, no lo olvides, este es un libro de iniciación...

Tu camino es largo, recuérdalo y, adelante.

I Lokatis

I. GESTIÓN TÉCNICA DE PROYECTOS

I. Herramientas para optimizar la gestión de proyectos (software)

Pese a ser un término de uso frecuente y extendido, dentro del ámbito empresarial, el término **"proyecto"** comenzó a utilizarse en Estados Unidos en la década de 1950, vinculado principalmente al Project Management. Este surgió como un intento de especificar y aunar las técnicas de **gestión y organización** que fuesen útiles para poder manejar diferentes situaciones complejas que no eran susceptibles de controlarse a través de las técnicas clásicas de dirección.

Project Management

Si se revisa la literatura es posible comprobar la gran **diversidad de definiciones** que se han propuesto para el concepto de proyecto. La aportación de Brown Boveri puede ayudar a delimitar qué se entiende por "proyecto" en el ámbito de la gestión, respaldado por Pereña (1996):

*"Un **proyecto** es un trabajo no repetitivo, que ha de planificarse y realizarse según unas especificaciones técnicas determinadas, y con objetivos de costes, inversiones y plazos prefijados. También se define un proyecto como un trabajo de volumen y complejidad considerables, que ha de realizarse con la participación de varios departamentos de la empresa y tal vez también con la colaboración de terceros."*

Por lo tanto, existen diversos **aspectos** que se deben tener en cuenta cuando se habla de un proyecto:

1. Está orientado a un objetivo.
2. Tiene limitaciones.
3. Exige una exhaustiva planificación y coordinación a lo largo de todo el proceso.
4. Es un proceso único que va más allá de lo cotidiano.
5. Es un proceso complejo.

Es importante establecer una distinción entre el término proyecto y otros conceptos relacionados, pero **no intercambiables**. Tal es el caso de los programas y los planes, términos que tradicionalmente se han empleado para definir una misma idea, aunque existen ciertos matices distintivos entre todos ellos.

Un **programa** está constituido por un conjunto de proyectos que persiguen un objetivo ambicioso, mientras que una serie de programas relacionados entre sí forman un plan. A menudo las empresas no trabajan únicamente con un proyecto, sino que suelen tener una cartera de proyectos que pueden organizarse e integrarse en programas y planes más amplios.

Podemos decir que un proyecto es un **conjunto de actividades** de naturaleza compleja, en el que intervienen una gran variedad de factores relacionados entre sí, que surge como respuesta ante una necesidad o problema, que se encuentra inscrito en el ciclo vital de una empresa u organización.

Los **problemas** que se solucionan a través de los proyectos son también complejos y requieren para su solución la aportación de conocimientos y experiencia desde diferentes disciplinas, integrados para alcanzar un objetivo.

Por ejemplo, una empresa quiere lanzar una campaña de publicidad de un producto ante las bajas ventas que se vienen realizando. En este proyecto se requiere aunar el trabajo de profesionales, aparentemente tan dispares, como informáticos, publicistas, comerciales, etc., para integrarlos en un proceso con un **objetivo claro**: la publicidad del producto.

Pero quizá, lo que mejor define al proyecto es aquello que lo diferencia del resto de actividades que lleva a cabo la organización. El proyecto tiene un carácter de excepcionalidad, debido a que se trata de una activididad no repetitiva, de gran envergadura y con resultados que atañen a toda la empresa.

A diferencia del proyecto, el **quehacer diario**, si bien es el pilar que sustenta a la organización, se lleva a cabo en un entorno diferente con otra serie de exigencias.

La importancia de la **disciplina** de la gestión de proyectos radica en que se basa en la posibilidad de **gestionar proyectos** de manera integrada y planificada. Así conociendo las mejores técnicas, prácticas, procesos y procedimientos en la gestión del tiempo, riesgos y recursos, se consigue que los proyectos consigan los objetivos fijados.

Para agilizar el desarrollo y gestión de la programación de un proyecto, es conveniente que se utilicen diversos paquetes informáticos diseñados para este tipo de gestiones. El **software** es una buena herramienta, siempre que se saque partido de ella, que permite controlar los tiempos y tareas, producir gráficos claros e ilustrativos, etc. Ahora bien, es útil, pero no infalible. Puede agilizar enormemente el trabajo, pero también puede contener fallos en las estimaciones y cálculos.

En este sentido, para saber cuál es el más adecuado en función a las **necesidades** de cada proyecto, es recomendable pedir opinión a los usuarios y comparar hábitos entre estos, así como a los miembros del equipo del proyecto en cuestión. En caso de que tanto unos como otros sean ajustables y compatibles, la probabilidad de comprar una aplicación informática válida y de provecho es muy alta.

Igualmente, se deberá tener en cuenta que cualquier **programa informático** que se pretenda utilizar en gestiones de este calibre, deberá solventar al menos aspectos como:

1. Manejar el desarrollo y los cambios de los diagramas de Gantt y los diagramas de redes, incluyendo los gráficos PERT y los cálculos de los caminos críticos.
2. Proporcionar en pantalla una vista previa de la información, antes de imprimirla.
3. Producir programaciones y presupuestos.
4. Integrar las programaciones de los proyectos con un calendario que incluya fines de semana y días festivos.
5. Crear diferentes escenarios para la planificación de contingencias y actualizaciones.
6. Comprobar la programación excesiva de tareas para personas y grupos.

En torno a la **gestión de proyectos**, la utilización de los ordenadores puede ser diversa, al igual que ocurre en cualquier otra actividad empresarial. Sin embargo, dicha utilización debe diferenciarse por un lado en el uso del ordenador para tareas genéricas o similares a las que pueden realizarse en otras áreas de la empresa, y por otro, su empleo para fines específicos de la gestión de proyectos.

Entre las primeras, se encuentran la mayor parte de las actividades de gestión habituales:

1. Tratamiento de textos. En el proyecto será necesario realizar informes, cartas y comunicaciones de diversa índole que pueden facilitarse con ayuda de un paquete de tratamiento de textos.
2. Gráficos. Como complemento de lo anterior, ocurre de forma asidua que un generador de gráficos sea de gran utilidad para la presentación de estudios, informes, cuadros de mando, etc.

3. Cálculos. En torno al proyecto suele haber una carga importante de trabajo técnico y de cálculo que generalmente se hará con apoyo informático. Puede abarcar desde cálculos técnicos, como por ejemplo estructuras, hasta cálculos financieros, tales como la tasa interna de rentabilidad.
4. Previsión y control. Existen herramientas informáticas especialmente adecuadas para el tratamiento de presupuestos y previsiones, el control de los resultados, el análisis de las desviaciones, etc. Dicha herramienta se denomina hoja de cálculo, por lo que su uso en el proyecto será de gran ayuda.
5. Gestión de ficheros, bases de datos, etc.

Todas las **aplicaciones** citadas anteriormente, entre otras muchas, son de uso general y, por tanto, no están especialmente pensadas para la gestión de proyectos.

El **software** es la parte lógica del ordenador, es decir las instrucciones que ejecuta el hardware para completar las tareas que se necesitan y según sus fines prácticos es posible clasificarlos en:

1. Software del sistema.
Es el conjunto de programas informáticos utilizados para controlar el sistema operativo, proporcionando control sobre el hardware y dando soporte a otros programas. Es decir, hacen funcionar al ordenador.

2. Software de programación.
Es el conjunto de herramientas que permiten al programador desarrollar programas informáticos, usando distintas alternativas y lenguajes de programación, de una manera práctica.

3. Software de aplicación.
Se trata del software que permite llevar a cabo una tarea específica, en cualquier campo de actividad (aplicaciones ofimáticas, telecomunicaciones, juegos...)

Para que un ordenador funcione es necesario utilizar programas, es decir con tan sólo el **soporte físico** no funciona, tan imprescindible es el Hardware como el Software.

A la hora de **seleccionar** un software para la planificación, lo principal es analizar las necesidades:

1. Complejidad del proyecto.
2. Necesidad de crear diferentes representaciones para cada planificación.
3. Madurez de la organización para la que se trabaja en cuanto a técnicas de gestión de proyectos y software a utilizar.
4. Etc.

En segundo lugar, habrá que tener en cuenta quiénes van a **leer la planificación**. La forma más rápida de hacer que una planificación se quede obsoleta es conseguir que tan sólo los miembros del equipo puedan leerla, sin embargo, esto va en contraposición al propósito principal de la planificación de un proyecto, que es compartir información. Así, si se elige una herramienta muy valiosa pero poco conocida, se corre el riesgo de que, a pesar de obtener una información muy buena, nadie la utilice.

Por esta razón, probablemente la mejor opción sea elegir la aplicación que permita trabajar conjuntamente con **diagramas de Gantt**, tablas de descomposición del trabajo y demás documentos, pero que además permita la exportación de las representaciones de una forma sencilla, de manera que puedan ser compartidas.

A. Microsoft Project

Microsoft es una empresa dedicada al mundo informático que ha creado múltiples aplicaciones y software que ayudan a miles de personas cada día a desarrollar su trabajo de manera más rápida y sencilla, sin perder eficacia ni eficiencia.

Concretamente, **Microsoft Project** es probablemente la herramienta más conocida. Se caracteriza por ser muy extensible y versátil. En los últimos años ha crecido enormemente, llegando a desarrollar un sistema de guiado que forma parte integral de la aplicación y que ayuda durante todo el proceso de generación de la planificación.

Microsoft Project es un software de **administración de proyectos** diseñado, desarrollado y comercializado por Microsoft para asistir a los administradores de los proyectos en tareas tan frecuentes como el desarrollo de planes, el seguimiento del progreso de proyectos, asignación de tareas o de recursos, administración del presupuesto e incluso el análisis de las cargas de trabajo.

Microsoft

El software, en todas sus versiones, es útil para la **gestión de proyectos**, aplicando procedimientos de programación reconocidos internacionalmente.

Administración de proyectos

Se define como administración de proyectos el proceso de plantear, establecer y administrar tareas y recursos con la meta de conseguir un objetivo específico, todo ello con límites en recursos, costes o tiempo.

Un **plan de proyecto** puede ser simple o completo. No obstante, hay algunas tareas que se pueden realizar de forma secuencial como, por ejemplo, en una obra los cimientos han de construirse antes que las paredes; pero instalar la electricidad y el agua son tareas que se realizarán o pueden realizarse conjuntamente.

Cualquier proyecto requiere de la **consecución de tres fases**:

1. Crear el plan de trabajo.
2. Administrar y realizar un seguimiento del proyecto.
3. Cerrar el proyecto.

Microsoft Project ofrece estas fases a través de un software que organiza la información sobre la asignación de tiempos a determinadas tareas, los recursos asociados, tanto materiales como de trabajo, así como también habla de los **costes** que conlleva todo ese trabajo, estableciendo plazos de tiempo sin que ello implique aumentar o modificar el presupuesto. Por tanto, Microsoft Project facilita la consecución de los objetivos planteados en un proyecto.

Triángulo del proyecto

Microsoft Project ofrece la configuración de un proyecto a partir de 3 factores principales:

1. Tiempo: se basa en la programación que requiere el proyecto para su puesta en marcha.
2. Dinero: el presupuesto del Proyecto, que se basa en el costo de los recursos, personas, equipamiento y materiales necesarios para realizar las tareas.
3. Ámbito: se refiere al trabajo necesario para su realización, así como las tareas y objetivos del proyecto.

Al ajustar uno de estos elementos se ven **afectados** los otros dos. Los cambios que se produzcan en el plan tendrán repercusión en todo el triángulo establecido, aunque ello dependerá de la naturaleza que tenga el proyecto y de las circunstancias específicas.

Aunque los tres elementos son relevantes para un proyecto, no siempre permanecen en la misma proporción o de forma fija. En la mayoría de proyectos, uno de los lados deberá estar **fijo**, mientras que los otros podrán **variar** lo que sea necesario. Por ejemplo, el presupuesto suele estar cerrado en la mayoría de proyectos, por lo que se deberá modificar el ámbito o el tiempo para poder conseguir los mismos objetivos.

La **calidad** del proyecto se encuentra en el centro del triángulo, y Microsoft Project apuesta por alcanzar el centro a través de sus aplicaciones, funciones y opciones que presta. No obstante, una menor calidad es el resultado de la necesidad de reducir costos.

Entrar y salir del programa

Si no está instalado, será necesario en primer lugar instalar el programa y activarlo siguiendo las instrucciones del fabricante.

Hay dos formas de **acceder al programa**:

1. La primera de ellas sería pulsar directamente sobre el icono del escritorio.
2. También es posible acceder, en función de cómo se haya configurado Windows en el ordenador, marcando el menú Inicio, posteriormente el submenú Programas y buscar la opción Microsoft Project 2016 (o la última versión que esté disponible).

Para **salir del programa** también disponemos de varias opciones.

1. Puedes utilizar los menús, concretamente el menú archivo, en el que encontrarás la opción Salir.
2. También puedes utilizar los controles de la ventana del programa mediante el botón Cerrar o la opción cerrar de la caja de control.

Con cualquiera de estos métodos el programa se terminará su ejecución.

B. OpenProj

Es un software libre y por tanto **gratuito**, prácticamente es el clon de Microsoft Project. OpenProj es un software de administración de proyectos que fue diseñado como sustituto de sobremesa completo para Microsoft Project, capaz de abrir archivos de proyecto nativos de dicho programa.

OpenProj fue desarrollado por **Projity** en 2007. Se ejecuta en la plataforma Java, permitiendo ejecutarlo en una variedad de distintos sistemas operativos. Está disponible en castellano y permite calcular costes, diagrama de Gantt, de red y todas las demás funciones habituales que se pueden encontrar en el software de Microsoft.

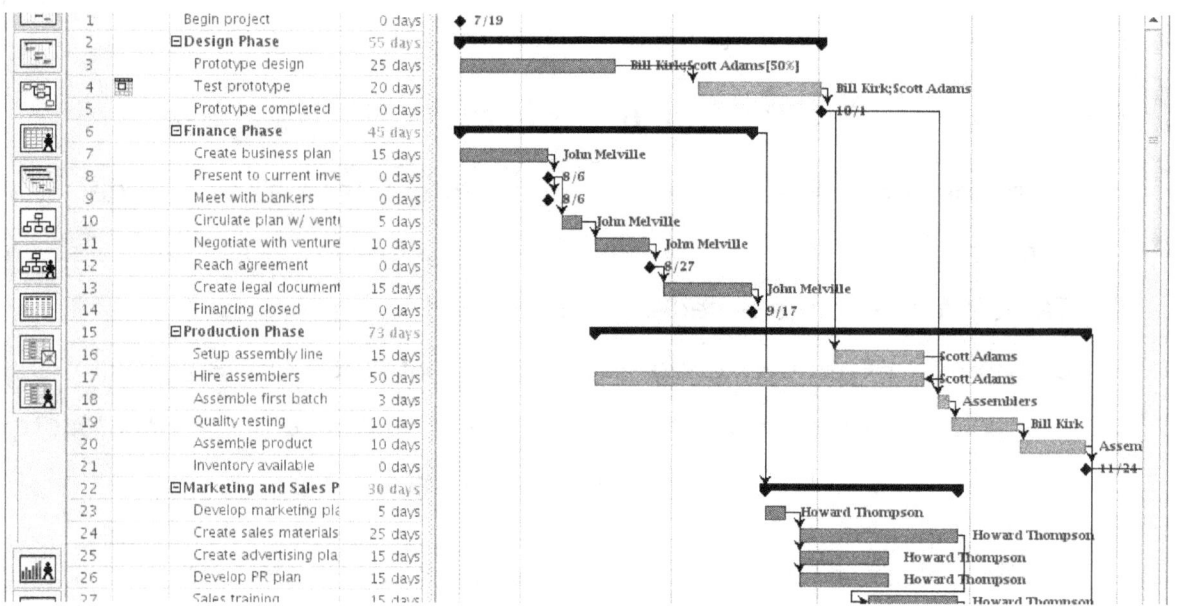

Ejemplo OpenProj

Una de sus principales características es su **compatibilidad** con el formato de proyectos de MS Project y la habilidad para abrir documentos creados con MS Project, con lo que la compatibilidad es total.

En comparación con MS Project, OpenProj tiene una interfaz de usuario muy parecida y un enfoque similar para la construcción de un plan de proyecto:

1. Crear una estructura detallada con sangría (EDT).
2. Establecer las duraciones.
3. Crear vínculos (arrastre de ratón, selección y botones, o escritura manual en la columna 'predecesor').
4. Asignar recursos.

Las columnas son las mismas que para **MS Project**. Los costos entre ambos son iguales: trabajo, uso de material, tiempo y los costes fijos: todos éstos son proporcionados por OpenProj.

Sin embargo, existen pequeñas **diferencias** en la interfaz, que requieren alguna adaptación para quienes están familiarizados con MS Project.

Concretamente, OpenProj no puede vincular al alza con método, insertar tareas es más complicado que en MSProject y en OpenProj no se pueden crear recursos en el momento (hay que crearlos en primer lugar en la hoja de recursos).

También hay varias limitaciones más importantes en OpenProj; la principal es la **falta de capacidad de uso de informes** de MS Project y vistas con más detalles. Por ejemplo, aunque los campos de coste existen no se pueden mostrar y hay que insertarlos manualmente.

Esto requiere que el usuario tenga **conocimientos avanzados**: alguien que sabe lo que podrían llamarse los campos y cómo utilizarlos.

C. GanttProject

Desarrollada por Java, GanttProject es una herramienta **libre y gratuita** que ofrece sus funciones en cualquier tipo de plataforma: Linux, Mac o Windows. Aunque estas son mucho más básicas que las de Microsoft, es muy recomendable para comenzar con proyectos de tamaño pequeño y medio.

Se considera una aplicación de **escritorio multiplataforma** que se utiliza para la gestión de proyectos, así como para su programación. Generalmente, se utiliza para la creación de diagramas de Gantt, siendo esta herramienta muy utilizada para los proyectos.

Este software permite ver en el gráfico las tareas, desglosarlas y ver los hitos en cuanto al desarrollo del mismo, estableciendo además **jerarquías** y relaciones de dependencia.

Además de la elaboración de los diagramas, permite la generación automática de otro tipo de gráficos, como el **PERT**, que se puede utilizar para establecer un organigrama de las personas que están encargadas de la realización de diferentes tareas asociadas al proyecto. Ello facilita la organización del desarrollo del proyecto, de forma que se puede acudir directamente a la persona asociada a una tarea en caso de necesidad, sin pasar por intermediarios que pudieran retrasar el proceso.

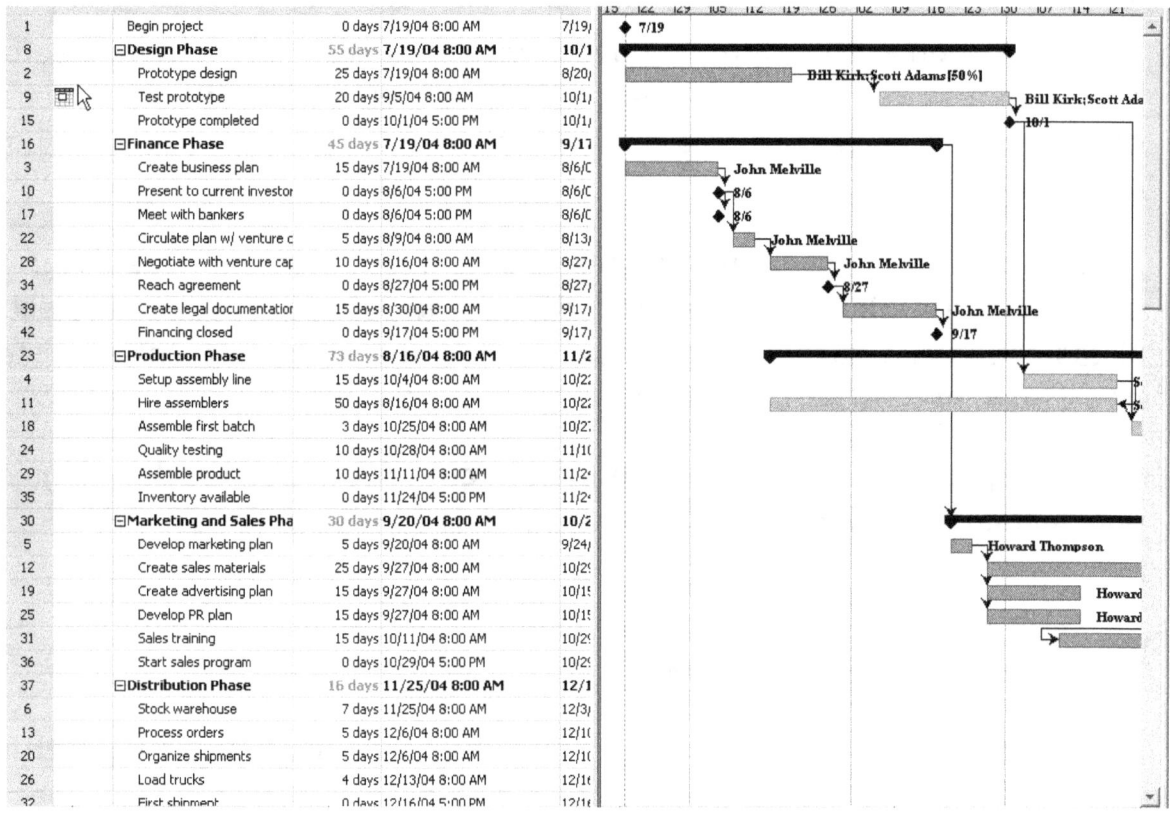

Ejemplo Gantt

Por otra parte, GanttProject permite exportar los archivos en formatos compatibles con la mayoría de ordenadores, tales como HTML, PNG y PDF, pudiendo disponer de ellos desde cualquier dispositivo. Además, es compatible con Microsoft Project para importar y exportar otros proyectos, así como el uso de hojas de cálculo que posea un formato de **archivo CSV**.

Sin embargo, la principal **desventaja** de este software es que no tiene funciones avanzadas como otros softwares del mercado, tales como el servicio de mensajes o la contabilidad de los costos asociados.

D. Basecamp

Es una herramienta en línea nacida como sustituta de aquellas **más habituales** de gestión de proyectos. Es definida como un software en el que se unen la gestión de proyectos y la productividad personal.

Es una excelente opción si se desean gestionar los proyectos **en línea**, ya que ofrece una metodología de trabajo bastante simplificada, así como una circulación fluida de datos e información entre quienes lo utilizan. Se puede asociar a otras aplicaciones que se posean, tales como el calendario o la agenda, así como también poder hacer tareas típicas de la gestión de proyectos, tales como la mensajería, los ficheros compartidos en un grupo de trabajo, la gestión del tiempo, etc.

Para obtener un **mejor rendimiento** de este software, se recomienda:

1. Definir los objetivos para cada proyecto y organizarlos por fechas o listas con prioridades.
2. Almacenar los datos por temáticas, de forma que la localización de los mismos sea efectiva y rápida.
3. Gestionar tareas de un mismo proyecto, no de varios al mismo tiempo.
4. Agrupar los mensajes por temáticas para organizar la información.
5. Establecer un orden de roles desempeñados entre los usuarios.

E. Presto

Se trata de un programa que sirve para **generar presupuestos** de una obra y gestionar su proceso. Presto comenzó como un programa de mediciones y presupuestos para arquitectos, y con el tiempo se ha ido desarrollando para satisfacer las necesidades de profesionales y empresas.

También permite generar **planes de obras**, seguimiento de obra, cuadros de precios y en general cualquier documento necesario para la gestión de un proceso constructivo.

Características generales de los programas de gestión

A la hora de decidir la compra de una aplicación informática, hay que comparar en primer lugar, las posibilidades de los distintos productos. Algunos están diseñados para el manejo y control de la información sobre el personal del proyecto, mientras que otros, están orientados a la gestión de actividades y al **seguimiento** de su ejecución. En segundo lugar, se debe evaluar su potencia y flexibilidad.

Esto se debe a que algunos programas permiten a los usuarios asignar miles de tareas por proyecto, aunque por ello decaiga el tiempo de respuesta, y en contraposición, otros ofrecen numerosas facilidades de uso, pero el espacio para la descripción de tareas es muy limitado.

De igual forma, también existen productos que dan gran importancia a la **elaboración de gráficos.** A este respecto, la cantidad media de recursos y actividades por proyecto que los programas pueden manejar es un factor fundamental en el momento de la selección de un software de aplicación para la programación y planificación de proyectos.

Igualmente, se contempla la gestión, asignación y valoración de recursos y control de indicadores de **gestión de costes**, entre otras funciones. Aun así, dependiendo del fabricante de la aplicación, estas incluyen otras rutinas que permiten establecer un mayor control sobre el proyecto, como por ejemplo la creación de tablas y gráficos.

Capacidad de los equipos informáticos

En un principio, las aplicaciones informáticas para la gestión de proyectos fueron concebidas para funcionar en **grandes equipos** de tipo tradicional.

Aunque fueron desarrolladas principalmente por grandes empresas del sector de la construcción, los grandes constructores de ordenadores comenzaron a comercializar aplicaciones de este tipo, aunque su divulgación fue **muy limitada** debido a su elevado precio y a las restricciones que presentaban frente a las labores de los usuarios.

A día de hoy, muchas de ellas siguen utilizándose y otorgan respuestas satisfactorias a las demandas de las empresas; sin embargo, la situación del mercado ha variado radicalmente con la proliferación de **paquetes de gestión** de proyectos pensados únicamente para su funcionamiento en ordenadores personales, lo que ha conllevado una divulgación rápida y masiva de dichas aplicaciones.

Desde Apple hasta IBM, la **evolución** de los ordenadores personales en la década de los 80 fue conjunta con la aparición de estas aplicaciones. En este sentido, aparecieron productos creados exclusivamente para cubrir las necesidades de gestión específicas de los proyectos, incorporando en forma sistemática todos los elementos de la metodología.

A pesar de todo ello, la mayor **rapidez y potencia** de los ordenadores convencionales, supone un argumento a favor para su utilización, ya que además de integrarse la gestión de proyectos, puede hacerse también con otras aplicaciones de la empresa, como por ejemplo la facturación, contabilidad, gestión de personal, etc. Aun así, para muchas empresas no parece viable llevar a cabo el desarrollo de una aplicación de gestión de proyectos hecha a medida, pues implica ciertos **plazos y costes** que no están dispuestos a acometer.

A este respecto, el ordenador personal ha tomado **protagonismo** convirtiéndose en una herramienta especialmente adecuada debido a varias razones.

Entre ellas:

1. La oferta de software estándar es abundante y de calidad.
2. Los precios de los productos son sumamente asequibles, siguiendo la tónica de la mayor parte de la informática personal.
3. Los gestores de proyectos pueden aprovechar las grandes posibilidades gráficas de los ordenadores personales, así como la utilización del color.
4. La gestión de un proyecto suele estar bastante localizada en grupos reducidos, sin que sea necesario que el resto de la empresa pueda acceder a los datos de un proyecto. En caso de ser necesario, se haría uso de un ordenador central.

5. Es frecuente que el proyecto requiera capacidad de tratamiento en sitios alejados de la sede central, o cambiantes, como es el caso de las obras, siendo especialmente adecuado a este fin el uso de ordenadores portátiles.
6. La gestión del proyecto pasa en muchas etapas por la necesidad de hacer simulaciones sobre un sistema interactivo de gran flexibilidad y respuesta inmediata, lo que no siempre se consigue con la misma facilidad en un ordenador central que en uno de tipo personal.

El software gestor de proyectos

Se denominan gestores de proyectos, aquellas aplicaciones informáticas concebidas exclusivamente para **automatizar** la planificación, los registros de cada uno de los proyectos elaborados, los clientes, trabajadores, tareas, desarrollo y producción, etc. Por ello, los gestores de proyectos deben estar configurados de forma que permitan gestionar varios trabajos a la vez, ya sean de la propia empresa o externos.

Según esto, dentro de cada proyecto el gestor debería **administrar** aspectos tales como:

El proyecto
En él se deben puntualizar descripciones, temporalizaciones, etc.

Los usuarios
Es decir, aquellos trabajadores miembros del equipo que trabaja en el proyecto.

Las tareas
Así como todo lo que conlleva su realización: plazos, recursos, tiempos, etc.

Así, constituyendo estas funciones las mínimas y más sencillas en una aplicación de este tipo, los gestores de proyectos, dependiendo de su **complejidad**, dispondrán de otras opciones tales como los **diagramas de Gantt**, gestiones de tiempo de cada usuario o de las dependencias entre tareas, entre otras muchas.

En este sentido, una característica muy significativa de este tipo de aplicaciones, es que aportan una total coherencia e integración de la información, lo cual difícilmente se podría llegar a hacer si se tratara de un tratamiento manual.

De esta forma, los datos introducidos, ya sean **previstos o reales**, se pueden distribuir en varias pantallas (tareas, recursos, Gantt, etc.), facilitando enormemente la labor del usuario. Ahora bien, aunque su ubicación sea única, todas las pantallas reflejan la entrada de ese nuevo dato, llegando así a la unificación y coherencia de toda la información.

A. Proyectos o subproyectos interrelacionados

Igualmente, al definir el proyecto y las tareas que lo componen, es posible advertir la existencia de **subproyectos** o de proyectos interrelacionados con el principal. Esta opción permite indicar que existen dos o más proyectos independientes entre sí, cuyos recursos son compartidos y configuran la relación entre ellos.

Por esta razón, el sistema calcula la ocupación de los recursos, observando y analizando si hay conflictos debidos a la sobresaturación de alguno de ellos, contemplando el conjunto de los **proyectos conectados** y teniendo en cuenta la carga total de trabajo que suponen. En consecuencia, cuando se consultan las informaciones referentes a la ocupación de un recurso, el sistema tiene en cuenta la carga producida por el conjunto de los proyectos conectados.

Como norma general, gran parte de los programas permiten introducir bien la fecha de **inicio**, o bien la fecha de **finalización**, de forma que el sistema calcula automáticamente la otra, efectuando la programación de atrás hacia delante o viceversa.

B. Gráfico PERT

En función a los datos anteriores, el gráfico PERT recoge cada una de las actividades representada mediante un **rectángulo** en el cual se encuentran cinco informaciones diferentes:

1. El número de la actividad.
2. El nombre de esta.
3. La duración en días, horas o semanas.

4. La fecha de comienzo prevista.
5. La fecha de finalización prevista.

Mediante las líneas más gruesas, o bien utilizando **colores diferentes**, los gráficos PERT destacan el camino crítico.

Con todo ello, el **PERT** es la forma de presentación que mejor permite ver y entender las relaciones y el encadenamiento de las tareas necesarias para llevar a cabo los proyectos.

A este respecto, cabe destacar que existen **tres tipos de conexiones** entre actividades:

1. Finish – Start (FS) o Fin-Comienzo (FC)
Una tarea solo puede empezar cuando la precedente ha finalizado.

2. Finish-Finish (FF) o Fin-Fin (FF)
Una tarea solo puede terminar cuando la que la precede ha sido finalizada.

3. Start-Start (SS) o Comienzo-Comienzo (CC)
Una tarea no puede comenzar hasta que la precedente haya sido iniciada.

Como norma general, en la práctica no se utilizará con mucha frecuencia. De esta forma, su utilidad quedará limitada al momento de establecer la red y las prelaciones. Una vez se haya realizado todo esto, el ordenador recalcula las informaciones de **tiempo y coste** siempre que se desee a partir de dicha red, pero los gestores trabajarán normalmente sobre los gráficos Gantt u otras pantallas.

Además de esto, el programa dispone también de una **pantalla por cada actividad** o tarea donde se recoge toda la información sobre la misma: nombre, duración prevista y real, holgura, fechas de comienzo y terminación, grado de prioridad de la tarea, actividades que anteceden o siguen la actividad de que se trate, etc. Para ello, el sistema utiliza ciertos valores o condiciones por defecto con la intención de simplificar la labor de los usuarios que no estén interesados en hacer una planificación demasiado **específica**.

Ahora bien, para aquellos cuya experiencia es más alta, o bien necesitan mucha más precisión, existen opciones que **mejoran la planificación** y la gestión del proyecto. Algunas de ellas son las siguientes:

1. Cuando se trata de **tareas con holgura**, el ordenador las coloca por defecto en el momento más temprano posible (ASAP; as soon as possible). Aun así, en la pantalla de descripción de actividades podemos indicar que algunas de dichas tareas sean situadas en el momento más tardío posible (ALAP; as late as possible) o en una fecha obligada (MUST).
2. El ordenador asigna a las **tareas por defecto**, una prioridad media que se puede aumentar o disminuir, lo que producirá el efecto de situarlas más pronto o más temprano cuando se produzca el nivelado de los recursos.
3. Es posible introducir el **tanto por ciento de la tarea que se ha realizado**, lo cual es de interés para el seguimiento del proyecto a efecto del control de plazos y de costes.

De manera similar, existe una pantalla por cada uno de los recursos que se hayan identificado en el proyecto. Dicha pantalla recoge también una información detallada sobre este y permite ver datos tales como:

1. Nombre del recurso.
2. Coste horario del recurso, tanto para las horas normales como para las extraordinarias.
3. Costes totales, previstos o reales que el recurso factura al proyecto.
4. Costes fijos.
5. El número de horas laborables del recurso para cada día de la semana.
6. Etc.

Así, esta pantalla se torna muy importante, pues sirve de **base** a la gestión de los costes del proyecto y al cálculo del grado de ocupación de los recursos.

A modo de ejemplo, indicará el número de unidades disponibles del recurso en cuestión, de forma que este puede introducirse individualmente, por persona o por máquina, o bien indicar, que del recurso delineante se dispone de **cinco unidades**.

Una vez todos estos datos están introducidos, la aplicación llevará a cabo los **cálculos de costes** de cada actividad, cada recurso y del proyecto en su totalidad. Si se diera la existencia de subproyectos o proyectos conectados, la ocupación de los recursos tendrá en cuenta la dedicación prevista para el conjunto de todos ellos. Dado que cuando se habla de los recursos, es de vital importancia la gestión de la carga de los mismos, y en concreto, de los tiempos libres y de la posible **sobresaturación** temporal del recurso, el ordenador indicará mediante gráficos y de forma numérica la ocupación de cada uno de ellos.

En ese momento es muy posible que cada recurso esté saturado en ciertas fechas y tenga tiempo disponible en otras, el cual podrá adjudicarse a otros proyectos. Ahora bien, también es frecuente que uno o varios recursos estén cargados en exceso en según qué fechas, lo que es indicativo de que la planificación no es viable tal y como se ha hecho.

Así, para poder resolver este conflicto, es necesario **modificar la planificación** tomando ciertas medidas adecuadas: retrasar algunas tareas si tienen holgura suficiente, adscribir al proyecto dos unidades en vez de una, transferir una de las dos tareas a otro recurso que tenga tiempo disponible, variar la prelación de algunas actividades, subcontratar una tarea en el exterior, etc.

Si ninguna de estas soluciones es viable, habrá que desplazar alguna de las actividades con la consecuencia de alargar el plazo total de ejecución del proyecto.

C. Histograma

Algunos paquetes informáticos disponen de una función de **nivelación** de recursos que permite que el sistema, si se le da una orden, resuelva automáticamente los conflictos de ocupación de los recursos, retrasando las tareas con mayor holgura o con menor prioridad hasta conseguir que la planificación resulte viable.

Así, esta sea posiblemente la aportación más importante del sistema informatizado, pues da respuesta a la necesidad de efectuar **simulaciones** con diversas hipótesis de tiempo, coste o recursos, lo que constituye la esencia del proceso de planificación. Por otra parte, es posible hacer mención a los Gráficos de Gantt.

Como norma general, todas las aplicaciones incluyen la posibilidad de realizar este tipo de gráficos, al que se puede acceder tras introducir los **datos** del proyecto.

D. Calendario

Otras características inherentes en casi la totalidad del software es la posibilidad de representar este tipo de gráficos tomando como unidad distintos **lapsos** de tiempo incluidos en un calendario, siendo considerados los no laborables para dicho proyecto.

La posibilidad de especificar un calendario para cada proyecto, e incluso para cada recurso, permite al usuario establecer con mayor exactitud la **duración real** de cada actividad. Todas las aplicaciones incorporan esta característica mediante la cual se pueden determinar los días laborales y los que no lo son, con la posibilidad de indicar, en este último caso, sus causas.

Ante esta gráfica, es posible atender a lo siguiente:

En primer lugar, Gantt puede presentar una sola línea por cada tarea, que recogerá normalmente la situación planificada para las mismas. Suele diferenciarse entre dos fechas planificadas diversas que se identifican mediante los términos ingleses "planned" y "scheduled". El primero hace referencia a la planificación inicialmente aprobada; y el segundo representa la planificación dinámica actualizada a la vista de los tiempos reales y de posibles nuevas informaciones existentes.

En segundo lugar, también es posible presentar el Gantt con dos líneas, figurando en la segunda las fechas reales de forma que se compare la planificación prevista con lo que está ocurriendo en la realidad. La planificación que recoge el diagrama es la que actualmente está en vigor, pero sin haber sido corregida por la introducción de los datos reales.

La **última posibilidad** es que la primera línea recoja la planificación inicial y la segunda la vigente, teniendo en cuenta lo acaecido con anterioridad, de forma que el Gantt compare la planificación inicialmente aprobada con la que en el momento del análisis es considerada como más probable, teniendo en cuenta los hechos conocidos. La planificación se hace ahora realimentando los datos con las informaciones reales.

E. Controles y ayudas

Ahora bien, esta pequeña síntesis no es ni mucho menos una descripción del paquete informático, sino un intento de resaltar la **ayuda prestada** de esta herramienta. De la misma forma, puesto que el producto informático es considerado de **elevada calidad**, incorporará aquellos controles y ayudas adecuados para facilitar la tarea de los usuarios y para minimizar el riesgo de cometer errores.

En este caso, se pueden encontrar algunos como:

1. Comprobación de la coherencia lógica de los datos introducidos, principalmente en lo que se refiere a fechas.
2. Salidas por diversos modelos de impresoras y plotter.
3. Funciones de selección para permitir limitar la información que se quiere obtener, por fechas, etapas, naturaleza de las actividades, tipos de recursos, etc.
4. Posibilidad de fusionar dos o más proyectos en uno solo.
5. Posibilidad de imprimir el PERT y el Gantt longitudinalmente en papel continuo para no tener que cortarlos en varias hojas separadas.
6. Posibilidad de definir macroinstrucciones.
7. Funcionamiento en red de área local.
8. Buenos manuales de funcionamiento y ayudas directamente por pantalla.
9. Posibilidad de proteger la confidencialidad de los proyectos incluyendo claves de acceso, etc.
10. Tratamiento del proyecto en forma piramidal pudiendo agrupar las actividades en diferentes niveles.
11. Posibilidad de atribuir a cada actividad tres duraciones diferentes de forma que el ordenador calcule automáticamente la duración esperada, la desviación típica y la probabilidad de que una actividad o el proyecto estén terminados en una fecha.

12. Posibilidad de seleccionar qué informaciones pueden aparecer en las pantallas o listados y ocultar otras de naturaleza confidencial, por ejemplo, los datos de coste.

II. Gestión Ágil con SCRUM y Kanban

Las **metodologías ágiles** se caracterizan por:

1. Adoptar una estrategia de desarrollo incremental, en lugar de la planificación y ejecución completa del producto.
2. Basar la calidad del resultado en el conocimiento tácito de las personas en equipos autoorganizados, y no tanto en la calidad de los procesos empleados.
3. Solapamiento de las distintas fases del desarrollo, en lugar de realizar una tras otra de forma que siga un ciclo secuencial o en cascada.

Las prácticas más usuales desarrolladas en la **metodología Scrum**, serían las siguientes:

1. Los clientes son parte del equipo de desarrollo.
2. La frecuencia de entrega en la metodología Scrum es alta, cada funcionalidad será entregada al cliente para trabajar con el software antes y así cambiar los requisitos del proyecto de acuerdo a las necesidades que tenga este.
3. Se desarrollan planes de riesgos y mitigación frecuentes por parte del equipo de desarrollo. Así la monitorización y la gestión de los riesgos se lleva a cabo en todas las etapas sin compromiso.
4. Existe gran transparencia en la planificación, así como en el desarrollo de los módulos. Se permite saber a cada uno saber quién es responsable de qué y cuándo.

5. Las reuniones son frecuentes, estas suelen realizarse entre las personas involucradas en el proyecto para monitorizar el progreso.
6. Se suelen crear mecanismos de advertencias y riesgos avanzados.
7. Los problemas se han de solventar de la manera más rápida posible, además todos son responsables de ellos, por lo que no se deben buscar culpables sino soluciones.

Dentro de las metodologías ágiles, se pueden distinguir principalmente dos métodos: **SCRUM y Kanban**.

Scrum

En Scrum, un proyecto se ejecuta a través de bloques temporales, en este caso denominados **iteraciones-sprints** de un mes natural. Lo que se prevé es que cada iteración proporcione un resultado completo, un incremento de producto susceptible de ser entregado con mínimo esfuerzo si el cliente lo solicita.

En la metodología Scrum se habla de **iteraciones-sprints** porque es el ritmo de los ciclos de Scrum. El Sprint estaría delimitado por la reunión planificación del sprint y la reunión retrospectiva.

El **método Scrum** parte de un proceso en el que existe una lista de requisitos priorizada del producto, esta lista actuaría como el plan del proyecto. Así el cliente deberá de priorizar los requisitos teniendo en cuenta el valor que le aportan respecto del coste y si han sido divididos en iteraciones o entregas.

El Scrum sería así, un proceso en el que se trabaja de manera **colaborativa** en equipo, pretendiendo obtener el mejor resultado posible. Se pretende como en todas las metodologías ágiles unos equipos de trabajo altamente productivos.

Una de las particularidades del Scrum es realizar entregas **parciales y regulares** del producto final, priorizándolas por el beneficio que aportan al cliente. El Scrum es una de las metodologías pensadas para la creación de proyectos en entornos complejos y donde, por tanto, se pretenden resultados rápidos.

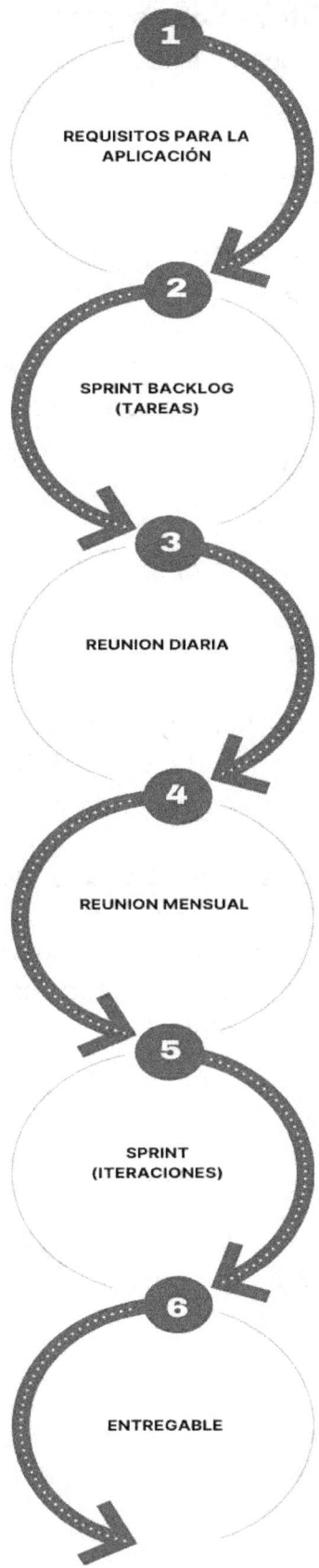

En los entornos donde el Scrum se desarrolla suele hacerse en entornos **cambiantes** o poco definidos. En estos entornos la innovación, la competitividad, la flexibilidad y la productividad suelen ser fundamentales.

Además de ir creando **iteraciones** para entregar al cliente, el Scrum también se utiliza para resolver situaciones que no se están entregando al cliente.

Estas **situaciones** podrían ser:

1. Entregas que se alargan demasiado.
2. Costes que se disparan.
3. Calidad no aceptable.
4. Capacidad de reacción ante la competencia.
5. Desmotivación del equipo.
6. Ineficiencias del sistema.
7. Especialización en el desarrollo del proceso.

Funcionamiento de Scrum

El Scrum pretende alcanzar los objetivos que se esperan del proyecto. En este sentido, existen una serie de **beneficios** característicos y siempre localizados en los proyectos desarrollados por esta metodología.

A. Gestión regular de las expectativas del cliente

El cliente irá estableciendo sus expectativas indicando en todo momento los requisitos exigidos en consonancia con los valores que le aporta cada uno de estos una vez esté completados.

Valoración

De esta manera, si el cliente **comprueba** de manera regular si se están cumpliendo las expectativas propuestas y además da feedback acerca de estas, se conseguirá que desde el inicio del proyecto se puedan tomar decisiones basadas en los resultados de cada una de las iteraciones.

La manera de conseguir esta gestión regular de las expectativas se puede hacer a través de una **lista de requisitos priorizada** porque el cliente creará y gestionará la lista de requisitos del producto o proyecto y se reflejarán sus expectativas, tanto a nivel de requisitos como de valor, coste o entregas.

Además, si se realiza una **demostración** de los resultados del proyecto en cada una de las iteraciones, se verá si los requisitos se completen. Tras cada inspección del resultado real hasta ver si el esfuerzo llevado a cabo ha sido el necesario, el cliente podrá ir solicitando los cambios que necesita.

B. Resultados anticipados

El cliente podrá ir utilizando los resultados más importantes del proyecto antes de que esté finalizado. Así, el cliente podrá utilizar su producto aun faltándole las características o detalles menos relevantes. Esto tiene la ventaja de que el cliente podrá **sacar al mercado** su producto antes que cualquiera de sus competidores y podrá hacer frente a urgencias o nuevas peticiones de clientes.

La manera de conseguir estos resultados anticipados podrá ser estableciendo una priorización de requisitos por valor y coste. Al comienzo de cada iteración se realizará esta priorización, y en el progreso del proyecto se podrán medir los requisitos que el equipo completa en cada iteración.

C. Flexibilidad y adaptación

En función de las nuevas prioridades, de los cambios en el mercado o de los requisitos completados, el cliente podrá redirigir el proyecto. De esta manera al final de cada iteración, el cliente podrá tomar decisiones para las siguientes iteraciones.

La **re-planificación** es la opción escogida para adaptar el proyecto. Se asume que los cambios son parte natural del proyecto. Las re-planificaciones no suelen ser traumáticas, puesto que se establecen al principio de cada iteración cuando aún no se ha realizado ningún esfuerzo en desarrollar los requisitos.

Una de las claves de la metodología Scrum es que al plantear los requisitos en función del **valor** que aportan al cliente, se minimiza la probabilidad de que se produzcan grandes cambios a lo largo del proyecto.

D. Retorno de inversión

En línea con las entregas por partes, de manera regular, el cliente maximiza su **retorno de inversión** del proyecto. Hay que entender que si el beneficio pendiente es menor que el coste de desarrollo, el cliente podrá con toda probabilidad finalizar el proyecto.

Por ese motivo, es importante que el cliente perciba en todo momento la **probabilidad de beneficio** o bien que este sea lo más elevado posible, de forma que sea superior al coste de desarrollo del proyecto, lo que supondría un motivo de sustento de la inversión realizada.

E. Mitigación de riesgos

En la metodología Scrum se propone que desde la primera iteración el equipo tiene que gestionar los **problemas** que pueden surgir en cualquiera de las entregas del proyecto.

Al **plantear los riesgos**, así como los problemas que puedan surgir, se podrán proponer de manera anticipada las soluciones. El feedback temprano se sitúa como una parte clave a la hora de gestionar los posibles riesgos ahorrando esfuerzo y tiempo en errores técnicos.

Los riesgos y la complejidad del proyecto se deberían de **dividir** de manera natural en las diferentes iteraciones para que de esta manera el esfuerzo esté equilibrado y no se dé pie a la desmotivación o sobrecarga de trabajo.

No se deberán de dejar las tareas más complejas o complicadas para el final del desarrollo de cada iteración. Se deberán de dejar cerrados los aspectos más difíciles conforme vayan apareciendo.

F. Productividad y calidad

De forma continuada el equipo va mejorando su forma de trabajar, pero además esta se va **simplificando** conforme avanzan en el desarrollo del proyecto. Los componentes del grupo de trabajo sincronizan su trabajo y van conociendo el avance del trabajo de los demás, así como diariamente resuelven los problemas que surjan para conseguir el objetivo de cada iteración.

En este sentido, la **comunicación** y la **adaptación** a las diferentes necesidades son clave. De esta manera, no se podrán realizar tareas innecesarias y se han de evitar en todo caso las ineficiencias.

La estimación de esfuerzo, así como la optimización de las tareas para completar un requisito establecido las realizarán las personas que van a desarrollar la iteración y, por tanto, van a cumplir los requisitos. Con las iteraciones cortas, la precisión de las estimaciones **aumenta**.

Con este método de trabajo, se asegura la calidad del producto, puesto que, de manera sistemática y objetiva, se plasmará el nivel de satisfacción del cliente, y si los requisitos han sido cumplidos y están listos para ser utilizados respecto de la calidad interna del producto.

G. Alineamiento entre cliente y equipo

Todos los participantes en el proyecto conocerán cuál es el objetivo que se ha de conseguir. Así el producto se enriquecerá con las **aportaciones** de todos. En este sentido, los resultados y esfuerzos del proyecto se medirán en forma de objetivos y requisitos entregados al negocio.

En cada iteración el cliente y el equipo deberán **trabajar juntos** en la creación de los requisitos del proyecto, en determinar los detalles de cada iteración y en analizar el resultado obtenido.

H. Equipo motivado

La creatividad surge en entornos motivados. Por lo que resolver los problemas con una **motivación** suficiente y además utilizando la creatividad para organizar el trabajo, puede resultar clave para conseguir el éxito del proyecto.

Valerse de la motivación de las personas cuando estas conocen sus logros puede ser una las maneras de unir al equipo de trabajo.

En la metodología Scrum se promueve la creación de equipos **que se autogestionen**. Cuando el equipo se compromete a completar unos requisitos determinados, es él mismo quien sabe cómo desarrollarlos. La planificación, en muchas de las ocasiones, ha de venir dada por el propio equipo con base a los requisitos del cliente.

Esta autogestión permitirá conocer mejor los **objetivos** que se persiguen, implicarse más en el proyecto y, por tanto, adoptarlo como propios los objetivos y luchar por ellos hasta conseguirlos. Todo ello se refleja en el trato con el cliente.

Fases

Las fases de la **metodología ágil con Scrum** son las siguientes:

1. Preparación del proyecto

La preparación del proyecto es la fase inicial, también es conocida como **Sprint 0**. En esta fase se pretende comprender el caso de negocio con el fin de tomar decisiones que agreguen valor al producto.

En esta fase se suelen dar un gran número de inexactitudes con las estimaciones. Esto se debe a que las estimaciones se hacen a **alto nivel**, lo aconsejable es invertir el tiempo en el desarrollo del producto y no en buscar una estimación exacta.

Las tareas a realizar en el Sprint 0 son las siguientes:

1. Definir el proyecto

Se debe indicar de manera clara la intención que se persigue con el proyecto. Los detalles no son necesarios, pero todo el equipo ha de ser capaz de entender cuáles son las necesidades del producto y del cliente.

2. Definir el Backlog inicial

El backlog es el documento que reflejará los requisitos del sistema por prioridades. La creación del backlog del producto facilitará que en el Sprint siguiente se contengan los elementos de la lista de requisitos para poder comenzar a trabajar de nuevo. Como sabemos esta lista será establecida por el dueño del producto, el cual deberá priorizar las funcionalidades para que al desarrollarlas se implementen de la manera más óptima posible.

3. Definir los entregables

Una vez establecido el backlog, se hace necesario establecer los criterios para poder entregar cada una de las iteraciones del producto y así rentabilizar y obtener su valor y un feedback temprano.

A lo largo del desarrollo del proyecto, el plan de entregables puede sufrir modificaciones. Algunas de estas modificaciones pueden darse por las siguientes razones:

1. Cambio del entorno y nuevas oportunidades de negocio.
2. Aparición de nuevas funcionalidades que propician un valor mayor en el producto.
3. Replanteamiento del entregable.

Además, en el **Sprint 0** se ha de constituir el equipo, que se hace en función de la dimensión del proyecto y de las características de los miembros. Respecto al equipo, se habrá de determinar la organización del mismo y del horario para establecer reuniones de control.

Las estimaciones del backlog

En la primera reunión de planificación, parece oportuno que el equipo conozca cuál va a ser su velocidad inicial, así como su factor de dedicación. Esto se debe a la necesidad de realizar las estimaciones, en este sentido las estimaciones se marcarán en base a las historias a incluir.

Existen dos métodos para determinar qué historias se incluirán:

1. De forma aproximada, suele darse en los Sprints cortos.
2. Realizando los cálculos de velocidad, en dos pasos, seleccionando la velocidad estimada y el número de historias que se pueden añadir.

2. Planificar un Sprint

La fase de planificación de un Sprint, se denomina también **Sprint Planning Meeting**. En esta fase se pretende realizar una reunión en la que participará el dueño del producto y el Scrum Master, así como el equipo, en esta reunión se seleccionará de la lista **Backlog** del producto, las funcionalidades sobre las que se va a trabajar y cuáles finalmente darán valor al producto.

La reunión de planificación se puede dividir en dos partes:

1. Primera parte de la reunión: en donde el equipo seleccionará las funcionalidades para transformarlos en entregables. Además, el equipo habrá de hacer sugerencias y el dueño del producto será quien decida. En esta parte de la reunión el equipo seleccionará el elemento a implementar de los seleccionados por el dueño del producto para ese Sprint.
2. Segunda parte de la reunión: se harán las preguntas oportunas que tengan sobre el Product Baklog al dueño del producto. El equipo tratará de encontrar la solución adecuada para transformar la parte seleccionada de una funcionalidad entregable.

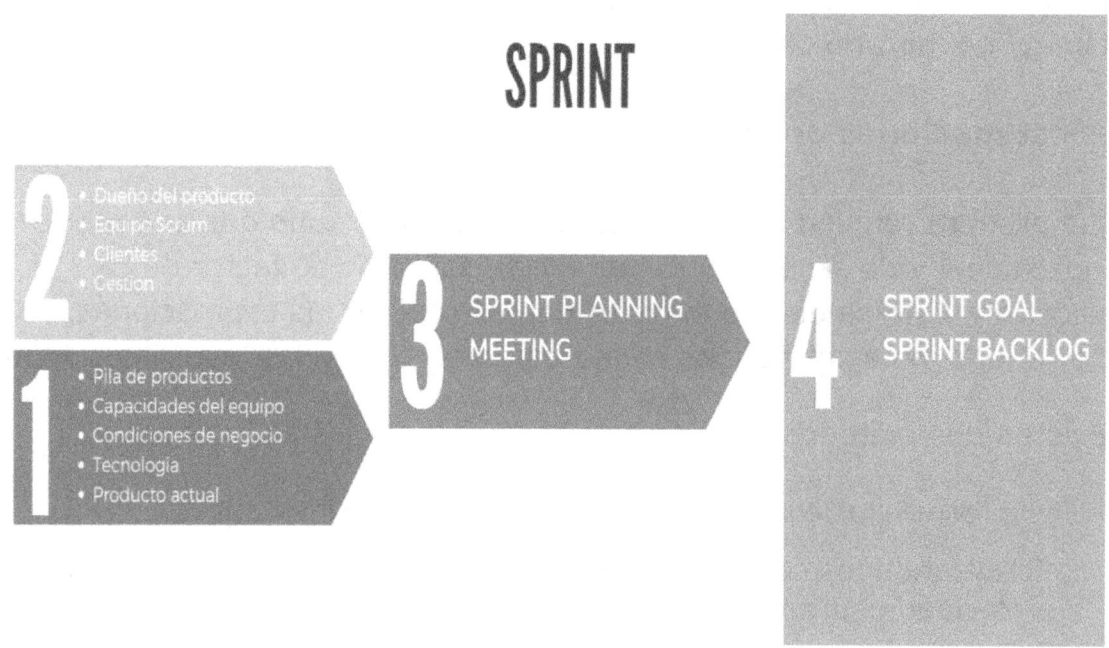

Planificación de un Sprint

3. Desarrollo del Sprint e inspección

Durante cada uno de los Sprints, los miembros del equipo trabajarán para conseguir una parte más del producto, que supondrá un **incremento** productivo tanto para el dueño del producto como para las partes interesadas en este.

Una vez se está ejecutando un Sprint habrá tres reuniones básicas. Por un lado, la **reunión de planificación**, una reunión diaria y una reunión revisión del Sprint. También será necesaria una cuarta revisión o reunión retrospectiva.

A. Reunión de planificación

En esta reunión se definirá las tareas que se tiene que realizar y cuáles son los **objetivos** de estas. Una vez se definan las tareas, el equipo comenzará su desarrollo, teniendo en cuenta:

1. La realización de consultas de agenda fuera del Sprint.
2. La autogestión del equipo.
3. Re-planificación de un Sprint porque este no sea viable.
4. Compromiso de realización de todo el backlog, si se estimase como no posible, se realizará una consulta con el dueño del producto para decidir qué funcionalidades son prescindibles. En la otra cara de la moneda, si el equipo considera que se pueden añadir funcionalidades porque el tiempo no es ajustado, lo consultará con el dueño del producto para incrementar el valor de cada entregable.

B. Reunión diaria

En las reuniones diarias, el equipo pondrá en común la información relativa al **desarrollo** del producto. Además, colaborará para hacer las adaptaciones necesarias consiguiendo aumentar así su productividad.

Las **preguntas más dinámicas** para estas reuniones diarias podrían ser:

1. ¿Qué se ha hecho de nuevo con respecto a la última reunión diaria?
2. ¿Qué será lo siguiente a realizar?
3. ¿Qué problemas hay para realizarlos?

Además, se podrá utilizar como herramienta de ayuda las **listas de tareas del Sprint**, las cuales habrán de estar actualizadas determinando además el esfuerzo pendiente y realizado en cada una de las tareas.

C. Reunión de revisión del Sprint

La particularidad de esta reunión es que en ella los desarrolladores presentarán el **producto entregable** que han implementado. Es entonces, cuando los gestores, clientes, usuarios, partes interesadas y el dueño del producto, analizan dicha entrega. Además, es oportuno que las partes expongan los problemas que han tenido durante el proceso.

Las características de esta reunión se refieren a su duración, con un máximo de **4 horas**. Además, se presenta el producto "terminado", si la funcionalidad no está completa no se podrá presentar.

De forma gráfica, la **reunión de revisión** del Sprint transcurre de la siguiente manera:

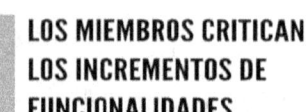

Presentación de metas:
- Sprint
- De product backlog comprometido
- De product backlog completado

Reunión de revisión

D. Reunión retrospectiva

Esta reunión servirá para que los componentes del equipo pongan en común sus puntos de vista respecto del Sprint recientemente finalizado, así como de los cambios que se podrían hacer para mejorar los siguientes Sprints y procurar en todo momento la **productividad**.

A estas reuniones **asistirá** el Scrum Master, el equipo al completo y el dueño del producto. Además, las preguntas que pueden dinamizar el contenido de la reunión, son:

1. ¿Qué ha ido bien durante el último Sprint?
2. ¿Qué será mejorado para el siguiente Sprint?
3. ¿Cuáles han sido los obstáculos a salvar?

El equipo deberá también hablar de las posibles mejoras que se pueden realizar, indicando cuáles van a tener **mayor preferencia**. Así el Scrum Master ayudará a que entren mejores vías de apoyo para las mejoras que indicó de manera previa el equipo.

4. Cierre

En el cierre se presentará el proyecto aunando todos los Sprints. Se realizarán además las típicas **actividades de finalización**. Además, se creará una versión distribuible, se deberán testear las diferentes funcionalidades, se creará la campaña de marketing, etc.

El cierre es clave para saber si las **expectativas** de los clientes y del dueño del producto se cumplen. Además, servirá como nota final para el equipo de desarrolladores.

Acuerdo

Responsables del proyecto

Hay que entender y no perder de vista la idea de que en la **metodología Scrum** las personas son la base para el desarrollo del producto, por lo que valorar el equipo y que estos se sientan valorados es clave para el éxito de esta metodología de trabajo.

De manera general el equipo Scrum está compuesto por los siguientes **miembros**:

1. Product owner, es decir, se trata del dueño del producto.
2. Development Team, que es el equipo de desarrollo.
3. Scrum Master.

Los equipos Scrum suelen ser equipos autoorganizados, es decir, ellos mismos eligen la mejor forma de **llevar a cabo** su trabajo. En este sentido, hay que entender que no son dirigidos por personas externas al equipo, sino que ellos mismos toman las decisiones acerca del ritmo de trabajo.

Un equipo Scrum ha de ser **multifuncional**, de esta manera el equipo Scrum ha de tener todas las competencias necesarias para llevar a cabo el trabajo sin depender de otras personas que no forman parte directa del trabajo.

La concepción del equipo Scrum ha de perseguir en todo momento la **optimización** de la creatividad, la productividad, así como se ha de fomentar la flexibilidad en la organización de las tareas en base a las necesidades del proyecto en sí pero también de los componentes.

Como se sabe, la metodología Scrum se basa en las iteraciones. Así, se entiende que se dará una forma de trabajo iterativa e incremental que maximizará las oportunidades de obtener una retroalimentación que mejorará en todo momento el desarrollo del proyecto.

Además, el método de trabajo de **entregas incrementales** asegura que el producto "terminado" está disponible para ser usado en la versión potencialmente útil, siendo la funcionalidad del producto maximizada. Así mismo, el equipo en todo momento se encontrará motivado ya que verá el esfuerzo de su trabajo plasmado por fases y por tanto de manera más pormenorizada.

Product Owner

La función principal del dueño del producto es **maximizar el valor del producto,** así como del trabajo del equipo de desarrollo. En este sentido, el cómo se llevará a cabo podría variar ampliamente dependiendo de la organización de que se trate.

Dueño del proyecto

El dueño del producto sería la **única persona responsable** de gestionar la lista del producto. El dueño del producto siempre será una persona, un individuo, es decir, no será un equipo colegiado ni una agrupación de personas. El dueño del producto será el responsable por sí solo del desarrollo de la gestión de la lista de producto.

En la **gestión de la lista** del producto destacan funciones como:

1. Expresión clara de los elementos de la lista de producto.
2. Ordenación de los elementos de la lista del producto para alcanzar así los objetivos y misiones de la forma más óptima posible.

3. Optimización del valor del trabajo desarrollado por el equipo.
4. Asegurar que la lista del producto es accesible a todos los miembros del equipo, es decir, que esta es visible. En este sentido, se espera que la lista sea transparente y clara para todos.
5. Se habrán de asegurar de que el equipo e desarrollo entiende los elementos de la lista del producto al nivel necesario.

Se espera que el dueño pueda hacer bien su trabajo si toda la organización **respeta sus decisiones**. Así, las decisiones del dueño del producto reflejarán el contenido en la priorización de la lista del producto.

Ninguno de los componentes del equipo de desarrollo podrá trabajar con una base en conjunto **diferente** de los requerimientos del dueño del producto.

Scrum Master

El Scrum Master es el responsable de asegurar que el Scrum es **entendido, aplicado y por tanto adoptado**. Los Scrum Masters son por tanto individuos que se encargan de asegurar que el equipo Scrum trabaja ajustándose a la teoría de la metodología Scrum, pero además a las prácticas y reglas determinadas por dicha metodología.

Se requiere que el Scrum Master sea un **líder al servicio del equipo** Scrum. Así, el Scrum Master ayudará a las personas externas al equipo Scrum a entender qué relación y qué interacciones pueden tener con el equipo, además de buscar la ayuda necesaria y estimarla como tal en los casos determinados. Se encargaría en última instancia de **maximizar el valor** creado por el equipo Scrum.

A. Servicio del Scrum Máster al dueño del producto

Las **funciones** del Scrum Máster en relación al dueño del producto son varias, destacando las siguientes:

1. Mostrar las posibles técnicas para gestionar la lista de producto más efectiva y eficiente.

2. Prestar ayuda al equipo Scrum para que entiendan la necesidad de contar con elementos de la lista de producto de manera clara y además concisa.

Responsable

3. Proponer el desarrollo del equipo en un entorno práctico y empírico.
4. Se deberá asegurar que el dueño del producto conoce cómo priorizar en su lista de producto y consiga maximizar el valor.
5. Debe entender la practicidad, así como promover la agilidad en todo momento.
6. Se deben facilitar las iteraciones del Scrum según se requiera o necesite.

B. Servicio del Scrum Máster al equipo de desarrollo

El Scrum Master debe también realizar una serie de **actividades** relacionadas con el equipo del producto:

1. Guiar al equipo de desarrollo, asegurándose que sea autoorganizado y multifuncional.
2. Prestará ayuda al equipo de desarrollo a crear productos de alto valor.
3. Debe eliminar los impedimentos que puedan existir para el progreso del equipo de desarrollo.
4. Se deberán facilitar las iteraciones según sean requeridas.
5. En organizaciones donde el Scrum aún no ha sido adoptado o entendido por completo, ha de guiar a esos componentes del equipo.

C. Servicio del Scrum Master a la organización

El Scrum Master es el líder de la organización por lo que debe guiar a esta y asegurar la **implementación del Scrum**. En este sentido sus tareas se podrían desglosar en:

1. Crear una planificación de las diferentes implementaciones de la metodología Scrum en la organización.
2. Prestará ayuda a los empleados y a los interesados en entender y llevar a cabo el Scrum, así como el desarrollo empírico del producto.
3. Potenciará la aparición de cambios en la productividad del Equipo Scrum.
4. Recibirá información de otros Scrum Masters para incrementar la efectividad de la aplicación Scrum en la organización.

Equipo

Dentro de la metodología Scrum se espera que el equipo de desarrollo esté integrado por **profesionales** que desempeñen el trabajo de entregar cada una de las iteraciones del producto terminado. Así, potencialmente se puede poner en producción al final de cada Sprint. Solo los miembros del equipo de desarrollo **participan en la creación** de cada una de las iteraciones.

Equipo

Los **equipos de desarrollo** de cada proyecto son estructurados y encabezados por ellos mismos. Es decir, el equipo como organización se encarga de gestionar su propio trabajo. La unión o sinergia optimiza la eficiencia y efectividad del equipo de desarrollo.

A. Características

Parece oportuno determinar cuáles son las características de los equipos de desarrollo como equipos concretos dentro del equipo de trabajo de la metodología Scrum.

Estas son:

1. Autoorganización: se trata de grupos de trabajo en los que ellos mismos determinan cómo convertir los elementos de la lista del producto en iteraciones con las funcionalidades requeridas.

2. Multifuncionalidad: los grupos de trabajo son multifuncionales, es decir, en el equipo se han de cumplir con todas las habilidades necesarias para crear el producto y por tanto desarrollar el proyecto.
3. No hay títulos: con esta característica se hace referencia a que todos los miembros del equipo de desarrollo son desarrolladores, independientemente del trabajo que realice cada persona.
4. No existen subequipos ni delegaciones: no se pueden hacer equipos parcelarios, ya que son indiferentes los dominios particulares.
5. Habilidades especializadas: los miembros individuales del equipo pueden tener áreas de especialización, pero la responsabilidad se desarrolla como un todo.

B. Tamaño

El tamaño que se considerará óptimo para un equipo de desarrollo será aquel que le permita ser **ágil** pero además **complete** una cantidad significativa de trabajo.

Si en el equipo hubiese menos de tres miembros, **no existiría** una gran interacción y por tanto la productividad bajaría. Además, la multifuncionalidad será complicada de alcanzar en equipos de desarrolladores pequeños. Por otro lado, se espera que el equipo de desarrollo pueda entregar una iteración que pueda ser puesta en marcha, es decir, utilizar, por lo que si el equipo es demasiado pequeño no se conseguiría este objetivo. Ahora bien, tener más de nueve miembros requiere gran coordinación. Así los equipos de desarrollo grandes exigen una gran gestión ya que resultan más complejos y la puesta en práctica es más difícil.

Así, el tamaño del equipo irá **desde los tres miembros hasta los nueve miembros**, ajustándose en este caso los trabajadores en base a las necesidades del producto, así como las características de cada uno de los desarrolladores que compongan dicho equipo.

Kanban

La metodología Kanban es una **metodología ágil** que tiene como objetivo gestionar de manera general cómo se van completando las tareas. Ahora bien, en los últimos años se ha utilizado en la gestión de proyectos de desarrollo de software.

A continuación se definen los **elementos y características** que tienen relación con la metodología Kanban con mayor detenimiento.

Objetivos del método

A. Visualizar el trabajo y las fases del ciclo de producción o flujo de trabajo

El método Kanban se basa en el **desarrollo incremental**, esto viene a ser el trabajo dividido en partes.

Además, en esta metodología ágil, una de las principales características es que utiliza técnicas visuales para ver la situación de cada tarea, concretamente la herramienta más utilizada será una **pizarra** con pequeñas hojas de papel **(post-it)**.

Dentro de esta metodología ágil el trabajo se divide en partes, cada una de estas partes se escribe en un trozo de hoja y se pega en la pizarra. Así los post-it suelen tener **información variada**, tanto la descripción de la tarea como una estimación de la duración de la tarea.

Será oportuno que la pizarra se disponga en columnas, cada una de ellas indicando los estados por los que puede para una tarea.

Con esta visualización lo que se persigue es que el trabajo a realizar quede claro, de una manera **clara y visual** se establecerá en qué está trabajando cada persona. Así todo el mundo tendrá claro qué tiene que hacer y cuáles son las prioridades de las tareas.

Subrayar que las fases del ciclo de producción o flujo de trabajo se deben decidir según el caso, es decir, según el proyecto y el equipo de trabajo. No hay nada preestablecido ni ningún plan acotado.

B. Determinar el límite del trabajo en curso

El trabajo en curso también se denomina **Work in Progress**. Una de las principales ideas del Kanban es que el trabajo en curso deberá estar limitado. En otras palabras, el número de tareas que se pueden realizar en cada fase debe ser algo conocido por el equipo.

Con independencia de las características del proyecto, ya sea pequeño o grande, simple o complejo, es posible afirmar que hay una cantidad de trabajo óptima que se podrá realizar sin sacrificar eficiencia.

Ejemplo: Llevar a cabo diez tareas a la vez puede llevar una semana, sin embargo, hacer dos tareas a la vez sólo lleve unas horas, de esta manera esta manera de trabajar permitirá hacer quince tareas en una semana.

En la metodología Kanban se debe definir cuántas tareas se podrán hacer como máximo en cada fase del ciclo de trabajo. A ese **número de tareas** se le llamará límite del "work in progress". Así se da la idea de que para empezar una nueva tarea alguna de las tareas previas debe haber finalizado.

C. Medir el tiempo en completar una tarea

Para medir el tiempo existen dos métricas principales, por un lado, el "lead time" y por otro el "cycle time". El **lead time** sería el tiempo que se tarda en terminar cada tarea. En la metodología Kanban se ha de determinar el tiempo que se va a tardar en desarrollar cada tarea. La forma de contabilizar el "Lead time" es desde que se hace la petición hasta que se hace la entrega.

Otra de las opciones utilizadas en la metodología Kanban es el **cycle time**, se trata de una alternativa al "lead time". El "cycle time" medirá desde que el trabajo de una tarea comienza, hasta que termina.

Por tanto, es necesario distinguir entre:

Lead time
Con el "lead time" se mide lo que ven los clientes o bien lo que esperan.

Cycle time
Con el "cycle time" se mide el rendimiento del proceso.

Principios del método

El método Kanban es un sistema que surgió en **Toyota** para organizar su producción de vehículos. En esta empresa japonesa se dividía el proceso en fases, las cuales bien delimitadas se habían de cubrir correctamente para así poder pasar a la siguiente fase.

Esta manera de cubrir el proceso de producción en Toyota se **adaptó** a otros proyectos. Siendo requisito que cada pieza del proyecto funcione correctamente y sea de la mejor calidad posible.

Estos son:

1. Visualizar

Se deberá visualizar el flujo de trabajo y hacerlo visible. Esta es la base principal de la metodología Kanban. De esta manera, sin comprender el flujo de trabajo, realizar los cambios adecuados es más difícil.

2. Limitación del trabajo en curso

Limitar el flujo de trabajo en curso implica que en el sistema se puede ver cómo se incrementan las diferentes partes del trabajo.

3. Dirigir y gestionar el flujo

Se deberá supervisar, medir y reportar el trabajo de cada estado. Los cambios continuos se producen al gestionar activamente el flujo. Estos cambios pueden ser continuos, graduales y evolutivos y podrán ser evaluados para tener efectos positivos o negativos.

4. Hacer las políticas de proceso explícitas

Se habrán de configurar reglas y directrices de trabajo. Las reglas se plantean con base en las necesidades y además definirán cuándo y por qué un post-it ha de incluirse en una columna u otra. Las reglas además han de ser entendidas como cambiantes.

5. Utilizar modelos para reconocer oportunidades de mejora
Debido a que los equipos tienen un entendimiento común de lo perseguido por el proyecto, así como persiguen llevar un mismo flujo de trabajo, será probable que se llegue a una comprensión compartida de un problema, que además haga que se propongan acciones de mejora consensuadas.

Gestión del cambio

Para **adaptarse** al método Kanban es necesario principalmente:

1. Desarrollar un sistema de producción mixta para no fabricar grandes cantidades de un solo modelo. De este modo se podrán producir diferentes modelos de producto en una misma línea de producción. Se podría facilitar una disminución del tamaño del lote si el número de modelos aumentase.
2. Mantener constante la velocidad de proceso de cada parte.
3. Disminuir los tiempos de transporte entre los procesos.
4. Determinar una ruta de Kanban que refleje el flujo de necesidades.
5. Tener buena comunicación entre las diferentes partes que se encuentran inmersas en el proyecto. Desde el departamento de ventas hasta el de producción.
6. Comprender tanto el personal encargado de producción, control de producción como el de compras.
7. Mejora y cambio del sistema conforme vaya siendo desarrollado.

En el sistema Kanban se suele utilizar para **limitar** la capacidad de trabajo en progreso ya que se equilibra la demanda del equipo con el rendimiento del trabajo entregado. Así se podrá alcanzar un ritmo sustentable de desarrollo de trabajo.

Además, con la metodología Kanban se **reta al equipo** y se consigue que los componentes de este focalicen sus esfuerzos en resolver los diferentes asuntos del producto y mantener el flujo continuo de trabajo.

El simple hecho de **limitar el work in progress** a través de Kanban fomenta mayor calidad y mayor rendimiento.

Esto se debe a que se da mayor visibilidad a los problemas de calidad y de proceso, haciéndose obvio el impacto de los efectos, los cuellos de botella, la variabilidad y los costos económicos en el **flujo** y en el **rendimiento**.

Así, al combinarse el mejor flujo y la mejor calidad se contribuye a reducir el tiempo de entrega y se mejora tanto la previsibilidad como el rendimiento para cumplir la fecha de vencimiento.

Con el establecimiento de una **cadencia regular** de liberación y entregando de manera consistente en base a ella, Kanban ayuda a generar confianza por parte de los clientes, pero además con otros miembros de la empresa, ya sean departamentos, proveedores o asociados.

La metodología Kanban contribuye a la **evolución cultural** de la empresa y a mejorar las relaciones entre los diferentes miembros de esta. Al exponer los problemas, se consigue que la organización se enfoque en resolver los problemas y eliminarlos en el presente, pero además eliminar también sus efectos en el futuro.

De esta manera, Kanban no se presenta simplemente como una manera de gestionar un proyecto, sino que se trata de una metodología que **facilita** la aparición de una mejora continua altamente colaborativa en la propia organización y además consigue que se desarrolle la **confianza** de las diferentes partes integrantes de la organización.

Implementación

En la metodología ágil Kanban es posible hablar principalmente de **cuatro fases**, cada una caracterizada por un desarrollo progresivo de un método de trabajo comprensivo y completo que ayude al avance de cada una de las siguientes fases:

Fase 1: Preparación del personal

El personal que se vea inmerso en la tarea a desarrollar por el método Kanban deberá estar **entrenado** en todo lo referente al método Kanban y sus principios. Deberán ser conscientes de los beneficios que conlleva usarlo.

Las características esperadas del equipo de trabajo para trabajar con la metodología Kanban, requieren trabajadores multifuncionales con capacidades para trabajar en equipo y además con un alto nivel de **identificación** con la empresa de forma que colaboren para su mejora. En este sentido, la reducción de inventario al mínimo supone trabajar bajo una mayor presión, ajustando los tiempos y pretendiendo un mayor grado de perfección.

A la hora de seleccionar al personal que se **involucre** en el proyecto con la metodología Kanban, cobra gran importancia la **capacidad** de estos para integrarse en la dinámica más que en la formación (proporcionada por la empresa). En este sentido el número de categorías laborales y el hecho de poseer un propio sindicato facilitará los acuerdos con los trabajadores.

Fase 2: Identificación e implementación en componentes-problemas

La metodología o la producción de Just in Time es clave en este sentido. La formación de los directivos se ha de tener en cuenta a la hora de implantar la metodología Kanban.

Lo más adecuado es empezar por aquellas zonas con **más problemas**. De esta manera se conseguirá un desarrollo óptimo de todas las zonas, de todas las partes del equipo.

Fase 3: Implementar Kanban en los demás componentes

Una vez se han identificado e implementado los componentes con problemas, se habrá de implementar la metodología en los demás componentes. Se deberá atender al tipo de trabajador, el tipo de compañía, etc.

Por ejemplo, las **empresas pequeñas** se adaptarán a cualquier modelo de trabajo, mientras que las grandes introducirán prácticas de bajo coste con empleados polivalentes.

Algunas de las barreras que se podrán encontrar sería el hecho de que en muchos equipos de trabajo los más reacios al cambio no sean los trabajadores, sino los directivos ya que por su formación y costumbres resalte su oposición al cambio del método de trabajo.

Fase 4: Revisión el sistema Kanban

A la hora de implementar el sistema Kanban de trabajo habrá de estar atento a:

1. Ningún trabajo debe dejarse aplazado o fuera de la secuencia de trabajo.
2. Si se encuentra un problema, se ha de intentar solucionar, si no fuese posible se habrá de notificar al supervisor inmediatamente.
3. Se habrán de respetar las técnicas más usuales de Kanban.

Técnicas del método Kanban

Las técnicas de Kanban se han de entender como **reglas básicas** para poder desarrollar la metodología Kanban de la manera más efectiva y eficiente posible. En este sentido se habrá de tener en cuenta que el material defectuoso o incorrecto no se ha de enviar a los procesos subsiguientes. Si se encuentra un defecto se han de **tomar las medidas** antes de todo para prevenir que no vuelva a ocurrir.

Además, se ha de evitar que dicho error llegue a otras partes del proyecto y por tanto se duplique o incluso triplique:

1. Si el error se ha visto dentro de un proceso, se estipula que se pueda descubrir inmediatamente y por tanto subsanarlo.
2. Todo el personal implicado ha de ser consciente del problema para, de esta manera, evitar que se repita.

A. Solo lo necesario

En el desarrollo de cada una de las partes del proyecto o proceso, se estipula que el material que se necesite en cada parte es estrictamente necesario. Es decir, el material habrá de ser solo el necesario y para el **momento adecuado**.

Se crea una pérdida si el proceso anterior abastece a las partes posteriores ya que se creará un desfase e incluso en algunos casos se terminará perdiendo ese material. La **pérdida** vendrá dada por la pérdida de inventario, pérdida en la inversión o pérdida de nuevos proyectos.

No hay que perder de vista que no se trata de abastecer a los procesos siguientes, sino de que sean los procesos siguientes los que pidan a los procesos anteriores la cantidad necesaria en el momento adecuado.

Así, la **consecuencia directa** es que la cantidad exacta requerida por el proceso subsiguiente se tramite durante el proceso en curso, siendo de esta manera conscientes todos los miembros del equipo de los que serán los requerimientos de esa parte del proyecto.

B. Equilibrar fuerzas

En la metodología Kanban se tendrá muy en cuenta lo que se ha de hacer con lo que se está haciendo y con lo que se hizo. Es decir, si en un proceso se hace necesario contar con un gran número de **trabajadores y herramientas** o maquinaria, para el siguiente no se deberán requerir tantos trabajadores ni tantas herramientas.

C. Estabilizar y racionalizar el proceso

Se ha de plantear un estándar mínimo, el procedimiento ha de ser racionalizado. Esta es una de las maneras que permitirán evitar que los defectos o errores se vean plasmados en procesos posteriores. Con un **estándar mínimo** se procura que se cumplan los requisitos exigidos por el propio equipo y por el cliente, manteniéndose en todo momento la confianza y la honestidad.

Proyectos problemáticos

En un caso práctico, se entiende que el equipo se encuentra ante un esquema típico en **cascada** donde las tareas se han estimado y además asignado a recursos de acuerdo a un diagrama de Gantt.

Según uno de los miembros del equipo con más experiencia, trabajar hasta tarde y los fines de semana es una práctica aceptable. Su versión se confirma, según él, con que al llevar a cabo **demostraciones** de avances de funcionalidad donde una tarea avanzada al 80 % podía bajar al 20 % por los cambios que solicite el cliente o incluso por falta de retroalimentación.

De esta manera se observa que existe una fatal importante de **honestidad, confianza y respeto**. Además, el equipo no es capaz de ser honesto y comunicar al cliente el avance real, creando falsas expectativas.

Una variante más entra en juego y es que el equipo no ha determinado qué criterio seguir para considerar **terminado** un requerimiento. Por lo que el propio es incapaz de auto organizarse, así como tampoco es capaz de explicar cómo va su trabajo ni cuándo se terminará cada una de las partes del proyecto.

El árbol de alto desempeño

Se habla de árbol como una metáfora de la necesidad de tener unas **raíces o bases** para que el proyecto se desarrolle de la manera óptima más oportuna.

Las raíces se sustentarán en la metodología Kanban:

1. Visualización y transparencia.
2. Mejora continua.
3. Entregas frecuentes.
4. Priorización en base al valor.
5. Limitar el trabajo a la capacidad del equipo.

¿Qué se pretende con todo esto? Por un lado, que la **honestidad y comunicación** se fomenten hasta el punto de crear confianza. De la confianza se pasa al respeto suficiente entre los miembros del grupo y consecuentemente cada una de las partes tendrá el coraje suficiente para aceptar el cambio. Convencer al cliente acerca de la conveniencia de **entregas continuas** será clave para que las fechas de entrega no se consideren como una parte esencial sin la cual el proyecto perdería sentido.

Las prácticas del método Kanban se basan en la honestidad, comunicación, confianza, respeto y coraje. Se propone que estas vayan apareciendo de manera natural e intentando que **no exista resistencia** por parte del equipo. Se propone así el cambio para mejorar el trabajo de cada uno de los miembros, pero además se pretende mejorar la satisfacción del cliente.

Scrumban

Como su propio nombre indica el **Scrumban** es una metodología derivada de los métodos de desarrollo de Scrum y Kanban. Se podría decir que en este sentido se destacan:

De Scrum:

1. Roles: clientes, equipo (con los diferentes perfiles que se necesiten).
2. Reuniones: una reunión diaria.
3. Herramientas: la pizarra típica de la metodología Scrum.

De Kanban:

1. Flujo visual.
2. Hacer lo necesario cuando sea necesario y solo en la cantidad necesaria.
3. Limitar la cantidad de trabajo, en este caso es interesante tener en cuenta el denominado Work in process.
4. Optimización del proceso.

Se podría decir que Scrumban es un modelo de desarrollo especialmente adecuado para **proyectos de mantenimiento** o proyectos en los que las historias de usuario **varíen de forma regular**. Además, también es un método pensado para aquellos casos en los que puedan surgir errores de programación inesperados.

En los casos en los que las historias de usuario cambien y en los casos en los que haya **errores de programación**, los sprints de la metodología Scrum no son la herramienta más oportuna ya que no es posible estimar el tiempo que conlleva cada una de las historias. Así, es oportuno utilizar el método Kanban ya que el flujo de trabajo es más beneficioso.

Cabe afirmar que las **diferencias** entre ambos métodos son muchas, pero destacan en este caso:

1. Las reglas de Kanban son muchas menos que las de Scrum.
2. Kanban no define iteraciones.
3. Kanban limita explícitamente las tareas a realizar por fase, a través del denominado work in process.
4. Scrum define de manera indirecta a través del sprint planning qué tareas son las realizables.

Otras metodologías ágiles: pensamiento Lean

Las iniciativas de pensamiento Lean requieren del **compromiso** de los líderes de la organización, esto viene a decir que, si tal compromiso no existe dentro de la organización, lo más convenientes sería que esta continúe con un enfoque de manufactura tradicional incorporando otras alternativas de mejora de procesos. Por tanto, el pensamiento Lean se contrapone a la manufactura tradicional.

Aquellas compañías que cuentan con el compromiso de sus líderes, necesitan formular, acordar y trabajar en la **implementación** de sus componentes estratégicos:

1. Misión.
2. Visión.
3. Objetivos.
4. Estrategias.
5. Planes de acción.

El pensamiento Lean ha de concordar con la filosofía de la empresa, si es así se deberán adoptar los **cuatro conceptos básicos** del proceso de pensamiento Lean. El razonamiento del pensamiento Lean destaca que los componentes pasan tiempo obteniendo valor, por lo tanto, se podría decir que es el mejor sistema de manufactura.

Los cuatro conceptos básicos del pensamiento Lean

Estos conceptos son: valor, flujo, pull y mejora continua. A continuación, se describen con mayor detenimiento cada uno de ellos.

Valor

El valor ha de ser definido antes de iniciar el análisis. Una vez los clientes han adquirido un producto o servicios deben indicar que **desean** un determinado valor a un precio razonable. En este sentido, los clientes finales determinan el valor.

Ahora bien, al investigar las líneas de producción tradicionales, es imposible determinan que solamente unos cuantos procesos **agregan valor** al cliente. Existen gran número de actividades que implican esperas, inspecciones, re-trabajo, etc., y por tanto no agregan valor al cliente.

Aunque estas actividades no pueden ser eliminadas del proceso de manutención, en el pensamiento Lean se pretenden **minimizar** en la medida de lo posible. En la mayoría de las organizaciones de manufactura, el tiempo de entrega total no agrega valor.

No agrega valor: transporte de partes, almacenamiento de partes, retrabajar partes, partes en espera para ser procesadas, ajustes continuos al equipo, etc.

Flujo

El enfoque de los proyectos Lean suele basarse en eliminar todas las actividades que **no agregan valor** a los procesos y enfocarse en las actividades que sí agregan valor desde el punto de vista de los clientes.

En este caso, el mapa de flujo de valor o también llamado **value stream map**, es una de las herramientas utilizadas ya que representa las actividades que agregan valor y cuáles no, facilitando su identificación. Una vez las actividades que agregan valor han sido identificadas a través del mapa de flujo de valor, el reto consiste en lograr un flujo equilibrado entre las actividades remanentes.

En las organizaciones tradicionales estructuradas en **departamentos** cada uno con sus funciones y competencias, se produce una desconexión entre los grupos de trabajo. La materia prima y los datos son procesados en lotes, por lo que se ha de esperar que el lote llegue completo para poder iniciar el siguiente.

Con organizaciones como la descrita anteriormente resulta **imposible** lograr un flujo si la organización no cambia su estructura a una orientada a procesos y por tanto reduce sus lotes.

En este sentido, las cadenas de valor pueden convertirse en un reto para una organización.

En **ambientes de manufactura**, el proceso principal es producir un determinado producto, sin embargo otros proceso pueden ser también necesarios a pesar de que no agreguen valor:

1. Ventas.
2. Compra.
3. Programación.
4. Logística.

5. Servicio al cliente.

Así, la **cadena de valor** está compuesta por diferentes procesos a través de varios departamentos. Además, la cadena de valor incluye una serie de procesos auxiliares que proveen soporte al proceso principal. Es interesante determinar cuáles pueden ser los **procesos secundarios** para tener claro esta diferenciación:

1. Tecnología de la información.
2. Contabilidad.
3. Mercadeo.
4. Recursos humanos.
5. Abastecimiento.

De esta manera, crear un flujo a través de los procesos **primarios y secundarios** puede resultar desafiante y requiere una revisión detallada de la estructura de la organización.

Pull

Dentro de la manufactura tradicional, el **control** de los **inventarios** se usa para comprar, abastecer y controlar las materias primas. De manera general, la información que se utiliza para tomar decisiones está basada en pronósticos de demanda generados a partir de datos históricos, por lo que se podrán generar excesos o faltas en el inventario.

Materia prima

La **materia prima** entonces se inserta dentro de los procesos productivos para convertirse en productos semi-terminados y finalmente en productos terminados.

El inventario de producto terminado representa **dinero** y **otros recursos** que siempre generan un gasto para la empresa. Ahora bien, el producto terminado ha de ser enviado a los distribuidores y por tanto comercializarse.

Las metas de ventas serán alcanzadas en ese momento, pero como vemos, el problema se expande a lo largo de toda la cadena de suministros.

Sin embargo, en el **método Lean**, la materia prima solamente se recibe, convierte el producto terminado para posteriormente almacenarlo en la bodega si la venta aún no ha sido efectuada.

Así se consigue no acumular en exceso el inventario y los productos **fluyen** de manera gradual a través de los procesos de recibido, de órdenes, de producción y entrega de las mismas.

Mejora continua

Dentro del pensamiento Lean se propone una mejora continua. Esto se debe a que el escenario **cambia de manera continua** y por tanto se han de perfeccionar las operaciones de forma sistemática a fin de proveer mayor valor a los clientes y lograr un mejor desempeño interno de la empresa.

Los esfuerzos para eliminar las actividades que **no agregan valor**, logran un mejor flujo e implementan un sistema de manufactura tipo pull, aunque nunca van a ser exitosos.

La búsqueda de la perfección es continua. Consideraremos que un proyecto es perfecto cuando cumpla los siguientes caracteres:

1. Capaz: el proceso es consistente en relación con los resultados y presenta una variabilidad mínima.
2. Adecuado: el proceso tiene la capacidad correcta.
3. Disponible: el proceso está disponible para desempeñar su función cuando se requiere.

Mudas, muris, muras

La metodología del pensamiento Lean se basa en estos tres pilares, es el denominado 3Ms.

1. Muda

Hace referencia a las actividades residuales que no aportan un valor al producto. Las muras han de ser evitadas, ya que son elementos que necesitan ser obviados para de esta manera priorizar los elementos a desarrollar.

2. Muris

Se refiere a todas aquellas irregularidades que se dan dentro del proceso y que además provocan inconsistencia en el mismo producto.

3. Muras

Se trata de aquellas partes del proceso donde hay una sobrecarga o un esfuerzo excesivo a la hora de desarrollar esa parte del proceso.

Así, todo sistema de producción conlleva tres dificultades. Estas dificultades, cabe afirmar que afectan a su **calidad**, al coste, así como a los plazos. Los fundadores del pensamiento Lean utilizan este símbolo para explicar la armonía, así como la coherencia del sistema Lean.

El cambio continuo

En el pensamiento Lean se destaca que la labor de los directivos y de los líderes de equipo y por tanto el **objetivo** de la empresa es administrar negocios, no máquinas. El objetivo de la empresa no es solamente asegurarse que el personal y las máquinas estén trabajando todo el tiempo.

El objetivo de la empresa es producir componentes de la manera **más eficiente**. La manera de lograr esto es gastando el menor tiempo posible en actividades que no agreguen valor.

En las primeras etapas de la empresa que implanta la filosofía Lean, los equipos han de ser **multidisciplinares**, se deberán incluir todos los trabajadores posibles para reducir los despilfarros.

Así, se realizarán continuamente mejoras iniciadas por los usuarios en el marco de la lucha contra las mudas. De esta manera se pretende implantar una metodología de calidad en la empresa y en el trabajo tanto individual como colectivo.

Cultura organizacional

Dentro de la cultura organizacional de la empresa, hemos de entender que existe una colección de **elementos de conducta** que de un modo u otro definen, intervienen e influyen en la toma de decisiones. De esta manera, el cambio tiene una dimensión personal.

Se trataría del agregado de las conductas individuales definiendo el desempeño de los grupos. Así debemos entender que es importante una estrategia de cambio porque genera temor e incertidumbre en el grupo de trabajo. Además, los cambios **no suelen ocurrir fácilmente** y tampoco son espontáneos. Los cambios, además, suelen generar conflictos y debemos estar atentos a las conductas de resistencia.

Mejora continua

Se pretende reducir los costes, mejorar la calidad y aumentar la productividad compartiendo la información entre los diferentes departamentos del proyecto.

Las áreas de aplicación de las mejoras serían:

1. Gestión. La gestión se basará principalmente en los procesos pull ya que estos son solicitados por el cliente final.
2. Planificación y ejecución. Dicha planificación se hará primando en todo momento la flexibilidad del proyecto.
3. Reducción de actividades sin valor añadido. Evitando los despilfarros, que se suelen determinar como sobreproducción, tiempos de espera, transporte, exceso de procesado, inventario, movimientos, defectos (se pretende la calidad perfecta a la primera, buscando ceros defectos, detectándolos y solucionando los problemas en su origen), y mala asignación de los recursos humanos.

Herramientas Lean

El pensamiento Lean suele caracterizarse por utilizar unas **herramientas concretas**, estas serían:

1. Control estadístico de procesos & 6 Sigma.
2. Fabricación "Just in time" junto con "Mass Customization ".
3. Teoría de las limitaciones.
4. Análisis Modal de Fallos y Efectos (AMFE) & Poka YOKE.
5. Cambio rápido de útiles/tareas.
6. Mantenimiento preventivo de maquinaria y herramientas.
7. Orden y limpieza.
8. Análisis de la distribución.
9. Mapa de procesos y Mapa de flujo de valor.
10. Análisis de costes.
11. Análisis de las competencias de los trabajadores.

Procesos de implementación

Conlleva las siguientes fases indicadas a continuación.

A. Identificar el proceso actual

Se debe identificar y entender el proceso actual. En este caso sería conveniente preguntarse:

1. ¿Cuál es el propósito?
2. ¿Qué actividades se llevarán a cabo?
3. ¿Cómo se hacen y por qué se hacen de ese modo?

Sería conveniente confeccionar un **mapa de flujo de proceso**, así se podrá representar la actual forma de trabajo.

B. Definir los elementos del proceso

Se han de definir cada uno de los elementos del proceso. Los elementos concretos son:

1 Inputs de la actividad.

2 Recursos necesarios.

3 Datos de la actividad.

4 Outputs de la actividad.

5 Interacciones entre actividades.

C. Construir el Value Stream Map

Es interesante analizar el valor del proceso, aquello por lo que nuestro cliente está dispuesto a pagar por el producto. El **Value Stream Map** permite de esta manera dar un valor determinado al flujo de valor del proceso.

Con la **construcción** del Value Stream Map, se identifica:

1. Qué actividades están generando valor al proceso.
2. Qué actividades son soporte.
3. Qué actividades no generan valor y pueden ser eliminadas.

El Value Stream Map inicia el protocolo de detección de oportunidades de mejora del proceso.

D. Analizar y detectar los Mudas

En este proceso se puede utilizar el análisis de costes ABC, el índice de eficiencia del proceso, teniendo en cuenta los indicadores de eficiencias, la definición de los estándares, la detención de los posibles desperdicios, etc.

Sería interesante comprobar dentro del proceso lo que es el **impacto** de la cuenta de resultados del mismo. Es decir, ver qué representación tiene cada uno de los elementos del proceso en la cuenta de resultados.

E. Mejora del proceso

Cuando se han identificado todos los elementos relevantes del proceso se pueden generar oportunidades de mejora del proceso, ya que será sencillo entender cuáles son los requerimientos exigidos. Además, en esta etapa se definen las **capacidades o recursos** que son necesarios para poder llevar a cabo las mejoras propuestas y generar más valor en el proceso.

F. Definición de ítems de mejora

Como norma general, a la hora de alcanzar la máxima eficiencia dentro del proceso, la empresa suele necesitar desarrollar unas capacidades o bien tener unos recursos que no se hallen a su alcance. Así, se podrán definir una serie de **ítems de mejora**, estos serán pequeños procesos SMART que son alcanzables y aplicables. Se irán desarrollando así una serie de habilidades necesarias que se identifican a lo largo del proceso productivo.

Lean Startup

La premisa básica de Lean startup es principalmente que una startup no es una empresa, sino una **organización temporal**, la cual tiene un objetivo concreto que es encontrar un modelo de negocio viable y además escalable.

Se denomina **Lean Startup** a aquella manera en la que ciertos emprendedores abordan el lanzamiento de su negocio basándose en el aprendizaje validado, en la experimentación científica de la experiencia previa con el producto. A través de la observación de lo que son cada una de las iteraciones se puede ver cuál es la mejor manera de abordar el proyecto de desarrollo del producto y acortar los ciclos de desarrollo de este.

Dentro del pensamiento Lean, destaca la metodología **Lean aplicada al emprendimiento**. En este sentido, el enfoque que se busca es la satisfacción del cliente, y por tanto la creación del producto en base a este. De esta manera, se busca aprender en cada iteración del producto y tras esto poner a prueba las hipótesis y las experiencias propuestas para saber hacia dónde avanzar.

Dentro de la competencia que tienen los emprendedores entre ellos, se entiende que para conseguir validar el **aprendizaje** de cada iteración hay que actuar con rapidez y no esperar a tener un producto acabado. Así se observará si se acierta o se hace conveniente rectificar, ya que no se espera a la presentación del producto a los clientes.

En este punto aparece el concepto de **producto viable mínimo**, el cual no es más que una versión del producto con las características fundamentales. Con este producto se pretende demostrar que funciona adecuadamente y maximizar el aprendizaje del negocio. Con esta fórmula de trabajo, el emprendedor verá cómo esta fórmula de trabajo reduce el gasto en el proyecto ya que desde el primer momento se está trabajando con los clientes obteniendo un **feedback directo**.

El ciclo de aprendizaje en este caso se basaría en:

Construir: Se desarrolla el producto mínimo viable centrándose en las hipótesis que se desean comprobar.

Medir: Se establecen baremos y métricas que valoran la iteración propuesta.

Aprender: Con las métricas y los baremos establecidos se aprenden nuevos detalles del negocio para seguir mejorando.

Otro de los objetivos perseguidos es saber cuándo **perseverar en la línea** que se sigue o cuando se pretende pivotar el modelo de negocio cambiando alguna de sus principios básicos. Además, habrá de primar la flexibilidad para saber adaptar el negocio a las realidades del mercado.

Principios básicos de Lean startup

Lean startup es el movimiento que transforma cómo los nuevos productos son **proyectados y lanzados** al mercado. Los principios básicos de Lean startup se basan en sus beneficios, siendo más innovador, evitando la pérdida de tiempo, se consigue el éxito.

Concretamente:

1. Los emprendedores están en todos los ámbitos.
2. El emprendimiento es gestión directa.
3. Aprendizaje validado.

4. Innovación y contabilización.
5. Construye, mide, aprende.

Ahora bien, Lean startup no trata de cómo crear un negocio de éxito, sino cómo se puede **aprender virtualmente** de cada una de las cosas que se hacen en el presente y se harían en el futuro.

III. Gestión de multiproyectos

Para que se dé la problemática que hay en un entorno de multiproyectos no basta con la presencia de diferentes proyectos, sino que es necesario que utilicen los **mismos recursos** en su ejecución.

Se conocen como **entornos multiproyectos** a los entornos donde conviven varios proyectos que rivalizan por unos recursos compartidos.

Los objetivos principales en la gestión de estos entornos son la productividad de los recursos y la velocidad de los proyectos. El problema reside en que las decisiones que benefician uno de dichos objetivos suelen perjudicar al otro.

Para **aumentar la rapidez** de un proyecto, sería necesario utilizar más recursos de los que se dispone habitualmente, aunque estos fueran ociosos. Por otra parte, si se centra la atención en los recursos, sería el proyecto el que debiera esperar, lo que supondría retrasos en el mismo.

La **gestión de los entornos de Producción**, Proyectos o mixtos tiene una problemática común, así como otras muchas particularidades que permiten la adaptación de los proyectos a cada uno de los entornos en que se desarrolla.

La principal característica de los entornos productivos es que se gestionan **múltiples productos** que cambian continuamente en un entorno de poca incertidumbre, de forma que los pedidos que se realicen de nuevo deban ser planificados en todo momento desde el inicio.

Para gestionar estos entornos se cuenta con sistemas, muchos de ellos nacieron en el **sector de la automoción** (sistema Toyota, JIT, Drum-Buffer-Rope, etc.). Los entornos de multiproyectos se distinguen de los entornos productivos, ya que tienen que gestionar un solo proyecto con unos requerimientos y un presupuesto estable, pero en entornos de mucha incertidumbre.

Vehículos

Los sistemas de gestión de estos entornos se basan en el **sistema PERT** o más recientemente en **sistemas Agile** o **Cadena crítica** (CCPM), por ejemplo.

Pero los entornos de multiproyectos pueden convivir **varios proyectos**, donde los nuevos proyectos deben ser planificados y cuyas tareas incorporan una buena dosis de incertidumbre. Para estos proyectos no existen sistemas específicos de gestión.

Por lo general, la situación de varios proyectos hace referencia al centro de una misma organización, siendo la gestión **dinámica y estable** debido al control aparente de todos los factores relacionados. Esto es, se gestiona mejor aquello que se conoce.

No obstante, también es posible la **gestión multitarea** de diferentes proyectos que procedan de varias organizaciones, o que haya diferentes empresas interesadas en un mismo proyecto y cada una tenga un subproyecto asociado a este. En estos casos, se parte de un ensayo de validación o de obtención de datos, que permite actuar sobre el sistema completo y los planes de las diferentes empresas, estableciendo una pauta común.

Un entorno con **varios proyectos se caracteriza** por:

1. Introduce un riesgo adicional por la interacción del proyecto con otros.
2. Aporta una limitación al proyecto, ya que cualquier decisión que se tome en un proyecto puede tener repercusiones y afectar a los otros proyectos.
3. Se puede analizar el desempeño a nivel individual de cada proyecto o bien analizar el conjunto de todos.
4. Aumenta la cantidad de conflictos a surgir por la interrelación de los proyectos.
5. Dificulta el proceso de planificación en un proyecto al estar relacionado con otros.

En dichos entornos pueden aparecer indicios o síntomas que indican que la gestión no es óptima:

1. Alcance, presupuesto y plazo parecen imposibles de conseguir al mismo tiempo y siempre ha de sufrir alguno de ellos.
2. Las planificaciones tienen poca duración ya que sólo se utilizan al principio de los proyectos puesto que después hay tantos cambios que actualizarlas consumiría demasiado esfuerzo.
3. Existe un gran interés por ofrecer plazos cada vez más cortos que son muy difíciles de cumplir.
4. Es difícil prever la duración exacta de las tareas por lo que en su ejecución, van sufriendo retrasos que se acumulan ocasionando incumplimientos.

5. Existen dos lenguajes diferentes: velocidad para los proyectos y productividad para los recursos.
6. Los directores de proyectos compiten por los recursos compartidos ya que no tienen disponibilidad de los recursos siempre que los necesitan.
7. Los directores de recursos sienten la presión por parte de los directores de proyectos para que se les asignen los recursos a sus proyectos.
8. Los recursos se sienten presionados para moverse entre tareas urgentes y simultáneas: multitarea.
9. No se conoce con exactitud la capacidad de cuántos proyectos se pueden asumir sin que unos provoquen retrasos en los otros.
10. No se dispone del control del estado del proyecto. Las amenazas de incumplimiento se detectan tarde cuando ya se han convertido en incumplimientos reales.

La solución de CCPM para entornos de multiproyectos se basa en:

1. Identificar el Pacing Resource, el recurso más cargado.
2. Planificarlo utilizando el concepto de Buffer, protección compartida entre las diferentes tareas (Buffer de capacidad).
3. Reorganizar las planificaciones de los proyectos individuales dependiendo de la planificación del Pacing Resource (subordinación a la limitación).

El **Buffer de Capacidad** es la protección compartida entre las tareas del Pacing Resource permitiendo que los retrasos en un proyecto no se vayan acumulando y acaben afectando a los siguientes proyectos.

Las **aportaciones principales** de CCPM a la gestión de los entornos de multiproyectos son:

1. Elaboración de listados de tareas para cada recurso con prioridades claras para evitar la multitarea y otros comportamientos contrarios a la productividad.
2. Capacidad de dar plazos en función de la saturación de los recursos.
3. Visibilidad y control de los proyectos mediante un sistema común que permite tener una visión clara del estado de los proyectos en su conjunto.

Método de la Cadena crítica

La cadena crítica se considera una **metodología de análisis** que permite planificar y gestionar diferentes proyectos. Entre las ventajas que aporta el empleo de la cadena crítica, destacan:

1. Establece los buffers que se encargarán de controlar los imprevistos que puedan surgir en el proyecto, así como establecer garantías de que se llevará a cabo en el plazo establecido.
2. Garantiza la disponibilidad de recursos necesarios para el desarrollo de las actividades del camino crítico.
3. Reordena las actividades en función de la asignación de tiempo y recursos.

Para **llevar a cabo** el método de la cadena crítica, es necesario seguir los siguientes pasos:

1. Establecer un cronograma en función de las tareas a realizar y de las holguras presentes, siendo todas las actividades incluidas en el proyecto consideradas como críticas.
2. Reordenar los recursos en función de aquellas actividades que presenten conflictos, por ejemplo, debiendo utilizar el mismo recurso al mismo tiempo.
3. Hacer el camino crítico, de forma que se organizan todas las actividades a llevar a cabo para conseguir el proyecto.

4. Se identifican los buffers del proyecto, se indica el tamaño que deben tener y se insertan en el cronograma.

En todo momento se habla de la importancia de los buffers, pero es importante conocer qué significa este término para poder actuar de acuerdo con ello. El **buffer** se define como una actividad ficticia que se considera para **prevenir** desviaciones o imprevistos en el desarrollo de un proyecto, de forma que se dispone de pequeños plazos temporales entre actividades por si alguna de ellas se retrasa o tiene algún problema, de forma que no afecte dicha situación a la consecución del resto de tareas asociadas al proyecto.

Teniendo en cuenta esta definición, es uno de los elementos más complejos en un proyecto, ya que requiere la **planificación** de actividades ficticias que deberán estar incluidas en el cronograma sin que se vayan a realizar realmente, sino que actúan como "colchón temporal" para posibles retrasos o movilizaciones del resto de eventos.

Es posible diferenciar **varios tipos de buffers** en el método de la cadena crítica:

Buffer de recurso (RB): También denominado Resource Buffer, se utiliza como apoyo a un recurso que actúa en la cadena crítica en el cronograma, de forma que permite cubrir el tiempo entre la transferencia de un mismo recurso entre dos actividades, o la transferencia de una actividad entre varios recursos. No tiene una regla específica, pero se asigna a tiempo de algunas actividades anteriores.

Buffer de proyecto (PB): También denominado Project Buffer, se considera importante al final de la cadena crítica a modo de compensar diferentes alteraciones o complicaciones temporales que hayan podido surgir durante todo el proyecto. Se considera que debe cubrir, al menos, el 50 % de la suma de las desviaciones totales de las actividades del proyecto de cadena crítica.

Buffer de alimentación (FB): Conocido también como Feeding Buffer, se utiliza en actividades que no se consideran incluidas en la cadena crítica, pero podrían provocar desviaciones igualmente, por lo que se utiliza como compensación. Se considera que debe cubrir, al menos, el 50 % de la suma de las desviaciones totales de cada uno de los caminos que se incluyen en la cadena crítica.

La **estimación de los buffers** dependerá de cada proyecto en concreto, así como de la planificación de casos específicos. No obstante, es posible que la comparación con casos similares o la experiencia en la gestión de multiproyectos pueda facilitar la valoración correcta de los buffers a utilizar y de la gestión de los mismos.

Incertidumbre de los proyectos

En ocasiones, para un proyecto o para la gestión de multiproyectos, es **difícil estimar la desviación** de una actividad, puesto que siempre se encuentra el factor incertidumbre incluido en cualquier estimación.

No obstante, será necesario aplicar la **estadística** para poder acotar la posible desviación que aparezca en una tarea o proyecto.

En base a ello, se estima que la desviación de una actividad será mayor cuanto mayor sea el **margen de seguridad** que se plantee para una tarea en cuestión o para un proyecto determinado.

Planificación de buffers

Esto es, se estima una **desviación muy grande** si se desea utilizar un margen de seguridad elevado, de forma que permita la ocurrencia de desviaciones sin que afecte al resto de tareas o proyectos.

De esta manera, las estimaciones se sobrevaloran, esto es, se estiman mayores de lo que realmente podría ser para evitar las incertidumbres de las tareas.

Aunque ninguna persona puede saber de forma exacta la duración de una tarea o proyecto, se podrá realizar la **estimación del tiempo** en base a estos criterios, de forma que el buffer de proyecto finalmente reemplace los diferentes buffers de actividades que se apliquen en el cronograma.

IV. Design Thinking

Actualmente, en la sociedad existe la necesidad de estar **innovando constantemente** si se desea tener éxito en las ideas y posteriormente en el entorno laboral. Sin embargo, innovar nunca ha resultado una tarea fácil. Tradicionalmente, innovar en el medio empresarial implicaba buscar nuevas y mejores soluciones vinculadas a las nuevas tecnologías.

Pero, con el paso del tiempo, las empresas supieron que la innovación tecnológica no lo era todo, ya que tanto empresas pequeñas, medianas y grandes comenzaban a adaptarse a las tecnologías, por lo que había que pensar en otros caminos más diferenciados. A partir de ahí, se creó lo que hoy en día se conoce como **Design Thinking**.

El fenómeno "design" está asociado a la calidad y/o apariencia física y estética de un producto, abriendo nuevos caminos para la innovación empresarial; por lo que se puede definir como una disciplina que tiene por objeto y finalidad **suscitar el bienestar** en la vida de las personas (en las relaciones, trabajo, cultura...) tratando de identificar problemas y posteriormente generando soluciones.

La persona que lleva esto a cabo se llama **designer**. Tiene que buscar soluciones a los problemas de manera efectiva para priorizar el trabajo entre equipos multidisciplinares, ya que ofrecen distintas visiones sobre la cuestión a discutir y con ello, soluciones innovadoras y creativas.

Por otro lado, trabaja en un proceso de múltiples fases llamado **fuzzy front end**, traducido como "inicio difuso" que permite interacciones y aprendizajes constantes, ayudando a que el diseñador pueda probar nuevos caminos orientados a nuevas alternativas que conlleven innovación empresarial.

Haciendo referencia a la otra parte, **"thinking"**, significa pensar, pensamiento o pensado. Por lo tanto, el Design Thinking, traducido como Pensamiento del Diseño, está referido a la manera de pensar del diseñador en el medio empresarial, a través de un pensamiento deductivo. Es entendida como la capacidad de combinar tres elementos muy relevantes en una empresa: empatía, creatividad y racionalidad, para satisfacer al usuario satisfaciendo sus necesidades y asegurando el éxito empresarial.

La base del Design Thinking presenta la siguiente metodología: **deducir y desafiar** las normas empresariales, ya que no se puede solucionar un problema con el mismo pensamiento, sino que hay que ir más allá, hay que dirigirse hacia lugares que antes nunca se había llegado, a través del pensamiento deductivo haciendo y deshaciendo conjeturas y transformándolas en oportunidades de innovación.

Por otro lado, para profundizar más en este nuevo fenómeno, es importante conocer quién fue la primera persona que lo masificó, que se trata de **Tim Brown**, profesor de la escuela de Ingeniería de Stanford University y CEO y presidente de IDEO.

En 2008, definió el Design Thinking en un artículo de la revista Harvard Business Review como: *"es una disciplina que usa la sensibilidad y métodos de los diseñadores para hacer concordar las necesidades de las personas, con lo tecnológicamente factible y con lo que una estrategia viable de negocios, puede convertir en valor para el cliente y en una oportunidad para el mercado"*. Lo que hace notar que el Design Thinking está siendo utilizado no solo a nivel nacional sino también **internacional**, en Europa, Asia y Estado Unidos.

La sociedad actual es una sociedad del conocimiento muy potente por lo que para destacar **hay que innovar** con la integración de las nuevas tecnologías abriéndonos a nuevos mercados, introduciendo nuevos productos o servicios.

Generalmente, el paso para llevar a cabo el Design Thinking que todo diseñador debe tener en cuenta es el siguiente:

1. Experiencia del usuario: comprender, observar y definir.
2. Creatividad: idear y prototipar.
3. Selección: testear.
4. Diseño y ejecución: implementar.

Fundamentos del Design Thinking

Cuando se habla de pensamiento de diseño, no se hace referencia al acto de diseñar en sí, sino de una "forma de pensar" para ayudar a mejorar el propio diseño. El diseño se ha plasmado siempre **vinculado** a un resultado, mientras que el pensamiento de diseño es el proceso por el cual es posible conseguir ese resultado; pero no es solo el proceso, la metodología y las herramientas, sino también las personas.

Los **objetivos** que presenta el Design Thinking son los siguientes:

1. Adquirir conocimientos básicos sobre los usuarios y sobre la situación o problema al que deben darle solución. Por lo tanto, pretende comprender al usuario.
2. Desarrollar empatía con los usuarios, a través de la observación.
3. Desarrollar un usuario tipo en función al producto.
4. Generar ideas innovadoras.
5. Construir prototipos de las ideas más prometedoras.

6. Recabar información de los usuarios recibida a través de la observación inicial.

Hay **tres características** esenciales del pensamiento de diseño:

1. Originalidad. Utilizado para visualizar los problemas de una manera diferente.

2. Flexibilidad. Empleado para contemplar más de una solución al problema.

3. Elaboración particular. Permite modificar elementos a la idea que se piensa como solución.

Funcionamiento y técnicas

Para llevar a cabo esta metodología en la empresa, hay que tener en cuenta estos cuatro puntos:

1. Los materiales

Simplemente con rotuladores, hojas de papel, notas adhesivas, lápices de colores, pegamento y una cámara de fotos, para promover la comunicación visual, que es fundamental en la metodología. Una imagen vale más que mil palabras.

2. El equipo

En el Design Thinking es imprescindible trabajar en equipo, así se pueden sumar puntos de vista, conocimientos y experiencia.

3. El espacio

Durante el proceso se necesita un espacio de trabajo. Tiene que ser un sitio amplio para trabajar en torno a una mesa.

4. La actitud

En el Design Thinking es imprescindible la actitud, "Actitud del Diseñador", siendo curiosos, y observadores.

Los pensadores de diseño, poseen una serie de características, las cuales son:

1. Son colaborativos: a causa de su pasión por colaborar, aportan más soluciones al disponer de un equipo multidisciplinar.
2. Son observadores: observan desde una perspectiva global teniendo en cuenta todas las variables.
3. Son empáticos: hacia el equipo de trabajo con el que colaboran.
4. Les gusta experimentar: es propio del design thinking, ya que tienen pensamiento de intentar cosas nuevas y experimentarlas.
5. Son optimistas: en el pensamiento del diseño tienen la creencia y el deseo de que pueden crear cambios que sean beneficiosos para la empresa.
6. Pacientes: la paciencia es 100 % necesaria para identificar el problema y dar solución al mismo.
7. Integradores y con una visión global: la creatividad es una de las características del design thinking.
8. Personalizan: trabajan conjuntamente teniendo en cuenta el punto de vista de todos los compañeros, nutriéndose de ideas y opiniones.

Existen diferentes **técnicas** que se pueden diferenciar en el Design Thinking, indicadas a continuación.

TÉCNICAS PARA EMPATIZAR:

1. Mapa de actores.
2. Inmersión cognitiva.
3. Interacción constructiva.
4. Mapa mental.
5. Moodboard.
6. Observación encubierta.
7. Qué, cómo y por qué.
8. Preparación de la entrevista.
9. Entrevistas.
10. Usuarios extremos.

11. Mapa de empatía.
12. SCAMPER.
13. Visualización empática.
14. Mundo Café.
15. Mapa del presente y del futuro.

TÉCNICAS PARA DEFINIR:

1. Perfil de usuario.
2. Mapa de interacción con usuarios.
3. Mapa mental.
4. Moodboard.
5. Personas.
6. Mapa de empatía.
7. Actividades de reactivación.
8. Infografía.

IDEAS:

1. Perfil del usuario.
2. Dibujo en grupo.
3. Tarjetas.
4. Maquetas.
5. Mapa de ofertas.
6. Selección.
7. Brainwriting.
8. Flor de loto.
9. Mundo Café.
10. Impact mapping.
11. Storytelling.
12. Customer journey.

PROTOTIPO:

1. Inmersión cognitiva.

2. Interacción constructiva.
3. Evaluación controlada.
4. Matriz de motivaciones.
5. Juego de roles.
6. Casos de uso.
7. Actividades de reactivación.
8. Lego serious play.

TESTEO:

1. Maquetas.
2. Mapas de ofertas.
3. Póster.
4. Prototipo en bruto.
5. Prueba de usabilidad.
6. Mapa del sistema.
7. Observación encubierta.

Proceso de Design Thinking

El proceso se compone de diferentes fases, las cuales son descritas a continuación con mayor detenimiento.

Creatividad y desarrollo de nuevos productos

La creatividad se define como una habilidad que se desarrolla en el tiempo y se caracteriza por la originalidad, la adaptación y el cuidado de la realización concreta. Esta palabra proviene del latín *creare* que significa **engendrar, producir o crear**. Otra definición de creatividad puede ser la destreza de coger objetos existentes y combinarlos para un nuevo uso, o como solución a un problema dado.

La creatividad tiene que ser intencionada y apuntar a un objetivo concreto. En el mundo empresarial, la creatividad ayuda a diferenciarse de la competencia y, en consecuencia, a incrementar la rentabilidad.

Creatividad

Creatividad innata o aprendida

Dependiendo de la situación que se le plantee a una persona, esta tendrá mayor o menor capacidad creativa. Hay que tener en cuenta que en este caso entran en juego infinidad de aspectos intrínsecos o de la propia persona que a su vez son afectados por otros factores extrínsecos o externos al individuo. Por lo tanto, la **creatividad** es resultado de la interacción de un conjunto de elementos que la incrementan en mayor o menor grado.

La capacidad creativa es innata, y luego puede ser **estimulada** o no. Como todas las capacidades humanas, la creatividad puede ser desarrollada y mejorada mediante diversas técnicas. Se puede concluir que desarrollar la creatividad siempre es posible. Cualquier persona con una actitud comprometida y que esté rodeada de un medio facilitador podría descubrir sus aptitudes creativas, ser consciente de ellas y después poder demostrar estas aptitudes.

Hay que admitir que las personas no serían capaces de **sobrevivir** sin el uso de la creatividad. No se puede olvidar que, a lo largo de la historia, el ser humano ha tenido que ingeniárselas para ir resolviendo los problemas que se le iban planteando, desde la necesidad de alimento hasta la superación o realización.

Las personas creativas, poseen una serie de atributos y cualidades como:

1. Curiosidad: actitud que permite indagar sobre lo desconocido y encontrar el conocimiento deseado.
2. Flexibilidad: habilidad para procesar ideas de muy diversas formas a partir de un único estímulo y facilidad para cambiar de una idea a otra.
3. Fluidez de pensamiento verbal y conceptual: es decir, facilidad para generar muchas ideas, definirlas y comunicarlas.
4. Imaginación: es infinita, define el límite entre la realidad y la fantasía. Es la capacidad de abstraerse de la realidad presente, para dar solución a necesidades o deseos.
5. Alta Autoestima: una buena valoración propia, de la forma de ser, de los rasgos corporales, mentales, etc., que configuran la personalidad e influyen sobre la seguridad en uno mismo.
6. Capacidad de reacción y decisión: rapidez en la búsqueda de soluciones.
7. Capacidad de síntesis y de asociación de ideas: para realizar un análisis constructivo de las diferentes situaciones.
8. Capacidad de trabajo, dedicación y persistencia: gracias a la implantación y sensibilidad que muestran hacia la realización de tareas.
9. Impulsividad: reacción, toma de decisiones, etc., de forma inmediata y sin reflexionar sobre las consecuencias.
10. Optimismo: pensamiento positivo de que todo tiene solución.
11. Originalidad: entendida como una idea, producto o proceso único.
12. Buena percepción: interpretación de sensaciones y experiencias a las que se les da un significado específico.
13. Predisposición: actitud que permite ver un problema desde diferentes puntos de vista, así como escuchar y respetar todo tipo de opiniones.

14. Sociabilidad: valor que impulsa las relaciones humanas compaginando ideas e intereses mutuos para dirigirlos hacia un objetivo común. El contacto con personas diferentes, ofrece la posibilidad de aprender de su experiencia y adquirir otra perspectiva de la vida.
15. Intuición: conocimiento que no sigue un camino racional en su construcción y que presenta dificultades para ser explicado. Dicha información se puede relacionar con experiencias previas, como reacción a determinados sucesos, sensaciones abstractas, etc.
16. Motivación: actitud que impulsa la realización de un determinado esfuerzo o acción para obtener un objetivo o resultado buscado.
17. Capacidad de observación: facilidad para captar, percibir y reconocer los estímulos recibidos por los sentidos. Esta capacidad permite descubrir los diferentes aspectos que conforman un determinado hecho u objeto.

Factores clave para que se manifieste la creatividad

Existen una serie de factores que son claves para **manifestar y estimular** la creatividad, los cuales son:

1. Observación. La información de los hechos que se pretende estudiar se obtiene de forma visual y directamente en el lugar donde se producen. Esta observación se utiliza para adquirir cualquier tipo de aprendizaje en un ámbito concreto.

2. Imaginación. Esta es una cualidad del ser humano que le permite crear cosas nuevas, deducir, comprender, etc., a partir de la generación de ideas, con o sin cierta lógica, que abarca desde el pensamiento hasta la materialización de las mismas.

3. Improvisación. Es la encargada de estimular la creatividad de las personas, ya que se trata de un acto repentino, sin previa planificación y en el que únicamente se empLean los medios disponibles en ese momento.

4. Intuición. Esta es una percepción personal clara sobre una situación o idea, que no necesariamente tiene que tener coherencia. Para llegar a ella es necesario combinar Emoción + Razón + Lógica.

5. Intervención. Es el descubrimiento y hallazgo de algo nuevo que hasta el momento no existía. Gracias a la inventiva el hombre, a lo largo de la historia, ha conseguido adaptarse al medio convirtiéndolo en habitable y beneficioso para la sociedad.

6. Talento. Es el conjunto de aquellas habilidades o capacidades sobresalientes respecto de un grupo, que se empLean para la realización de actividades concretas. Una de esas capacidades puede ser la creatividad.

7. Innovación. Se define como la destreza de crear productos o procesos nuevos o mejorar los ya existentes a partir de las ideas y el conocimiento. Pero es necesario tener claro que sólo se produce innovación si las ideas se materializan y llegan al mercado, las cuales creen algún tipo de beneficio.

Entre **innovación y creatividad** existe una relación debido a que:

1. Para innovar hay que ser creativo.
2. La creatividad implica tener capacidad para generar ideas y saber elegir las más adecuadas para llegar a innovar.
3. La innovación se produce cuando las ideas creativas llegan al mercado.

Por lo tanto, se puede afirmar que la creatividad puede darse **sin innovación**, pero sin creatividad nunca se producirá la innovación.

Beneficios de la creatividad

Los **principales beneficios** que se obtienen con la creatividad son:

1. Hábitos de pensamiento mejorados y facilitar la puesta en marcha de las nuevas ideas, aunque impliquen cambios estas nuevas ideas.

2. Potenciar las habilidades de búsqueda y las soluciones generadas. Esto comporta el diseño de un proceso que lo haga posible.
3. Capacidad mejorada para encontrar distintas respuestas a situaciones concretas mediante la generación de un enorme número de ideas, evitando quedarse en una solución única.
4. Recrear el abandono de las formas tradicionales de hacer las cosas, permitiendo otras formas de resolución de problemas y no quedarse con la solución más evidente, dando cabida a nuevos tipos de soluciones.

Premisas fundamentales

Las organizaciones, los empresarios y los ejecutivos necesitan aprender a **pensar y actuar** de forma **disruptiva** para conseguir pensar lo que aún nadie piensa y hacer lo que aún nadie hace.

Hay que encontrar la forma de ser únicos en lo que se hace y para ello es necesario ser capaces de sorprender con ideas inesperadas para superar las expectativas de los clientes y obtener **soluciones nuevas** y no convencionales que dejen atrás a la competencia. Como base de la innovación se encuentran la creatividad, el desarrollo de ideas y el pensamiento disruptivo que proporcionan soluciones alternativas para satisfacer las necesidades de la gente.

Pensamiento disruptivo

La palabra disruptivo se define como un agente que produce una ruptura brusca. El desarrollo del pensamiento disruptivo se ha visto impulsado por **Luke Williams** autor del libro "Disrupt: Think the unthinkable to spark transformation in your business" que se traduce como "Interrumpir: Pensar lo impensable para provocar la transformación en su negocio".

Este autor desarrolla el pensamiento disruptivo y en concreto se fundamenta en las siguientes ideas, descritas a continuación.

Idea 1. Las ideas son las recetas

En concreto cita a Paul Romer un influyente economista de la Universidad de Stanford que define las ideas como las **recetas** que pueden utilizarse para la fabricación de las cosas, su organización y la adición de riqueza y valor a las mismas.

El objetivo de cualquier organización (no importa su tamaño) debería ser el de generar un flujo constante de nuevas recetas, es decir de nuevas ideas que **alteran la trayectoria** de un negocio y reviven mercados estancados o completamente reinventan la dinámica competitiva de una industria.

Idea 2. La sociedad excedente

Se refiere a que para buscar la innovación disruptiva (en equipo o solo) es necesario **identificar los supuestos** que parecen influir en la forma en que los de adentro (y a menudo los de afuera) piensan acerca de su industria, el segmento o la categoría.

En concreto hace una pregunta: ¿Cuáles son los clichés o las creencias generalizadas manidas que rigen la forma de pensar y de hacer negocios en un espacio en particular? Expone que los tópicos se encuentran en todas partes.

Con frecuencia cuanto más obvio y consolidado sea el cliché, mayor será el **impacto** al desafiarlo. Como ejemplo normalmente cuando vas a un restaurante seleccionas algo del menú, pero el autor expone que un pensamiento disruptivo no es un pensamiento consciente. El reto está en conseguir enfrentarse directamente con las obviedades y suposiciones aparentemente naturales.

Idea 3. "Si no está roto, no lo arregles"

Esta actitud es el mayor enemigo del pensamiento disruptivo. Son los aspectos aparentemente intactos los que proporcionan las más ricas oportunidades para la innovación. Las innovaciones tienden a estar en las cosas que se ignoran.

Por ello, es más efectivo empezar por **identificar** algo en el negocio que no es necesariamente un problema, en un lugar donde otros no podrían esperar ver una idea. En resumen, pensar en aquello que por lo general se ignora, prestar atención a lo que no es evidente y comenzar con las cosas que no se rompieron.

Idea 4. Nada mata más rápido que una idea de sentido común

Cuando la gente escucha algo que ya conocen tienden a desconectarse. Por ello las ideas tienen que despertar el interés del público de forma que se recuerde mucho después de haber sido presentada.

A través de la creación de una perturbación, una interrupción, entre lo que el público asume que obtendrá y lo que realmente obtiene.

Idea 5. La innovación disruptiva no es una táctica, es un estado mental

La innovación disruptiva no es una forma de seguir un proceso. Representa un modo de pensar, un instinto rebelde que descarta clichés comerciales antiguos y rehace el paisaje del mercado. Un afán por atacar deliberadamente a situaciones en las que la competencia es la complacencia y el cliente se ha pasado por alto o está insuficientemente atendido.

El **potencial de reinvención** está en el alrededor y se sitúa en un momento emocionante en el que pensar cómo estructurar (o reestructurar) el negocio, la comunidad o la forma de vida.

Idea 6. Si puedes detectar la diferencia, puedes llenar el vacío

Hay que entender la diferencia entre observaciones y puntos de vista, ya que las observaciones son los datos brutos, la acumulación gradual de información de la investigación que se tiene conscientemente y cuidadosamente registrados, exactamente de la forma o manera en que son **escuchados o vistos**, sin interpretación.

Mientras que los puntos de vista son las **interpretaciones** de las observaciones y que pueden permitir descubrir patrones inesperados. Dichos patrones pueden abrir brechas entre donde está la gente y donde les gustaría estar. Grietas entre la forma en que algo es ahora y la forma en que la gente supone que debe estar.

En cualquier lugar en el que haya una **tensión** observada si somos capaces de detectar la diferencia (punto de vista) entonces se puede llenar el vacío (una oportunidad).

Idea 7. Objetivos revolucionarios, pasos evolutivos

Para lanzar una idea disruptiva es necesario persuadir a la gente de que los cambios ofrecen claras ventajas para las personas que las van a utilizar y a poner en práctica. Es necesario **cambiar el enfoque** de nuestro público para que necesiten y estén motivados a un cambio disruptivo.

Los productos han tenido en general cuatro etapas: introducción, desarrollo, madurez y declive. Para que una idea disruptiva despegue con éxito se debe introducir esta idea seleccionando previamente y de forma estrecha a los primeros usuarios, para ajustar y refinar la idea antes de que llegue al mercado general. Los primeros mercados hasta que se extiendan a las masas son mercados pequeños y el objetivo son los primeros usuarios donde se puede lograr un impacto.

Idea 8. Las ideas más sencillas son las más conocidas

Para encontrar una idea disruptiva es necesario muchas veces salir del entorno habitual e inspirarse en ideas que se encuentran **fuera del entorno**. Un ejemplo de esto sería el caso de Nintendo Wii, cuyo mando integra los movimientos de un jugador directamente en el juego. La inspiración para la idea de mando de movimiento no se obtuvo al mirar lo que otras consolas estaban haciendo; se trataba de una fuente completamente ajena: el chip acelerómetro que regula la bolsa de aire en el coche.

Los airbags responden a los **cambios repentinos** en el movimiento causados en accidentes. Nintendo se preguntó si sería posible combinar el acelerómetro utilizado por las bolsas de aire con un mando utilizado para jugar a los videojuegos.

Idea 9. Ayudar a la gente a salvarse de sí misma

A menudo la gente lucha contra la tensión que se produce como consecuencia de la diferencia entre lo que **desean** y lo que **deben hacer**, que normalmente se fundamenta en clichés. Por ello intentar romper con los clichés y conseguir poner en práctica los deseos de la gente donde puede haber una oportunidad de negocio.

Un ejemplo de idea disruptiva es el caso de Jonah Staw que propuso como idea de negocio la venta de **calcetines de un solo pie**, la idea surgió del misterio de los calcetines individuales que desaparecen. *"Little miss matched"* es una compañía neoyorquina que comenzó con la venta de calcetines de colores sin par.

Desarrollo de la idea

En primer lugar, la generación de una idea depende del flujo de personas y de información entre la organización y su entorno. La organización debe tener en cuenta que los empleados nuevos pueden tener conocimiento de **tecnologías alternativas** usadas por competidores y que los empleados de niveles más bajos pueden generar ideas innovadoras puesto que tienen contacto directo con el exterior y pueden ser conscientes de oportunidades en potencia.

La **generación de ideas** desde el punto de vista de los emprendedores, es clave para la creación de los proyectos innovadores y emprendedores. Las ideas pueden surgir casualmente o se puede realizar un proceso para generarlas que consta de los siguientes pasos:

1. Recopilar información sobre algún tema o gran cantidad de información general.
2. Tratar la información y buscar algún reto a solucionar.
3. Buscar nuevas percepciones que estimulen la creatividad, adoptando una actitud flexible e imaginativa.
4. Dejar descansar a la mente para que surjan ideas.
5. Trasladar las ideas a la realidad.

Existen muchas herramientas para la generación de ideas en grupo como el mapa mental, la **tormenta de ideas** o la técnica Delphi. La generación de una idea creativa e innovadora es clave para el emprendedor, pero no todas las ideas creativas e innovadoras se pueden traducir en un negocio de éxito, para ello se debe desarrollar la idea correctamente **observando** con detenimiento las necesidades que tiene la sociedad y aplicando la idea generada a estas.

El **desarrollo de las ideas** en la organización dependerá de su cultura, sus procesos internos para apoyar o inhibir el uso de ideas nuevas y su estructura organizacional, ya que una estructura rígida dificultará la comunicación de ideas innovadoras mientras que las estructuras flexibles permiten que la información fluya más fácilmente.

Desde el punto de vista del emprendedor existen muchas formas de desarrollar dichas ideas y una de ellas es presentando la idea y realizando un plan de negocio sobre la misma.

Un **plan de negocio** es una forma de exponer la idea generada formalmente, este plan puede servir para atraer inversores o socios que colaboren en su desarrollo y debe contener una descripción detallada de la idea. Generalmente los planes de negocio se dividen en las partes siguientes: resumen ejecutivo, análisis de mercado, plan estratégico, plan de marketing, planificación financiera y aspectos legales más relevantes.

Para implantar las ideas generadas, la forma en que se traslade la idea depende de su **funcionamiento** y su **estructura** organizacional. Para fomentar la creatividad organizacional y establecer un clima propicio para la creatividad y la innovación, la organización deberá conseguir la aceptación del cambio, estimular la generación de ideas, tolerar el fracaso, fijar objetivos claros y dar libertad para alcanzarlos, recompensar y reconocer los logros y permitir mayor interrelación y comunicación.

Premisas del proceso creativo

Como ya se ha comentado anteriormente, el design thinking está formado por una serie de métodos y procedimientos que tratan de investigar problemas **planteados de forma errónea** a través de obtención de información, análisis y evaluación de conocimientos y planteamiento de soluciones en la formulación y planificación de los distintos campos de diseño.

Para poder llevar a cabo un proceso creativo, hay que tener en cuenta previamente las siguientes **premisas fundamentales**:

1. Valores humanos/empatía. Es imprescindible ponerse en la piel de las personas para las que se está llevando a cabo el diseño, aunque tengan puntos de vista completamente opuestos. Será realmente efectivo el enfoque de las ideas hacia las respuestas del cliente para crear un diseño óptimo.

2. Colaboración. Los equipos que formen parte del proceso de diseño deben estar compuestos por gran variedad de personas, con puntos de vista distintos para que puedan aportar ideas opuestas y extremas. La diversidad de los miembros del equipo es lo que permite obtener más variedad de ideas y, en consecuencia, unos diseños novedosos y creativos.

3. Consciencia. Los miembros del equipo de diseño deben ser conscientes en todo momento de lo que se está realizando en cada punto del proceso.

4. Prototipos. La creación de prototipos es fundamental para plasmar la idea en un elemento físico.

5. Actuación. No se trata sólo de pensar, hay que actuar para tener más consciencia de lo que se está realizando.

6. Creación. No basta con plasmar una idea en un papel, hay que crearla y desarrollarla para que pueda ser vista y experimentada.

El proceso de innovación

La creatividad se define como la capacidad que tiene un individuo para **generar ideas nuevas**. Un individuo con dicha capacidad se caracteriza por ser más original, flexible, independiente, que tiende a desobedecer órdenes a las que no encuentran sentido y que trabaja duro en aquellos aspectos que le intrigan.

Por otra parte, el concepto de innovación se refiere al uso o traslado de esa nueva idea a un nuevo negocio, un nuevo producto o servicio, un nuevo proceso o un nuevo método de producción. La **innovación** es fuente de éxito en el entorno actual caracterizado por ser cambiante y muy competitivo. Por ello, las empresas deben potenciar la creatividad e innovación tanto a nivel individual, como a nivel organizacional.

En concreto en este proceso existen las siguientes fases:

1. Identificación y clarificación: son actividades muy intensivas dentro de la creatividad. Se trata de generar múltiples alternativas para aportar una solución que atienda la necesidad encontrada, y alinear la opción más adecuada a los objetivos y las limitaciones propias de la organización.
2. Divergencia y convergencia: usando esas dos técnicas, esa nueva idea concebida como solución, pasará por el desarrollo, la implementación y la comercialización en caso de ser un producto o servicio.
3. Desarrollo: aquí es donde entra en juego la parte más racional, la que se encarga de llevar a cabo procesos y etapas necesarios para materializar la idea y poder implantarla.
4. Comercialización: se trata de sacar beneficio de esa innovación, ponerla en el mercado, de forma que sirve para consagrarse como empresas pioneras.

Para incentivar la creatividad en los equipos de trabajo, se pueden aplicar distintas estrategias entre ellas:

1. Facilitar la aportación de ideas: la mejor forma de estimular la creatividad es permitiendo a los miembros del equipo de trabajo que expongan directamente sus ideas. Para ello es necesario eliminar todos los procedimientos que no sean necesarios y que dificulten la comunicación directa.
2. Buscar ideas en la persona menos esperada: en muchas ocasiones los inventos revolucionarios proceden de fuera por ello impulsar las ideas de cualquier perfil de trabajador sin importar su nivel de experiencia, educación, edad o nivel socioeconómico.
3. Impulsar un ambiente innovador: favorecer y crear un ecosistema donde las personas puedan aportar ideas para solucionar problemas o mejorar los procedimientos y las estrategias. Utilizando para ello técnicas para favorecer la creatividad y la innovación.

4. Crear un espacio inspirador: diseñar espacios sin divisiones donde los trabajadores se encuentren en un espacio común que les permita comunicarse de forma directa. También se puede agregar una zona de descanso para que las personas puedan relajarse, divertirse u olvidarse del estrés.
5. Cuidar el estilo de liderazgo: para que el equipo esté motivado y tenga confianza para comentar sus ideas y ofrecer sus soluciones hay que tener un estilo de liderazgo de "puertas abiertas". Hay que prestar atención a la forma de reaccionar a las ideas y de dirigirse al personal. Únicamente inspirando confianza y siendo empático los trabajadores se atreverán a explotar al máximo su creatividad.
6. Apoyar todas las ideas: no significa aceptar cualquier idea sino que se apoya la actividad de generar nuevas ideas (por ejemplo mostrando entusiasmo hacia ellas). Para ello se debe impulsar un ambiente colaborativo e innovador donde se premien o reconozcan las buenas ideas.
7. Reaccionar rápido: responder rápido a las ideas es un factor que influye en el número de ideas que se generan. Por ejemplo, si una propuesta se queda durante más de una semana sin responder creará en los empleados desinterés por aportar ideas nuevas puesto que no ven que sus aportaciones tengan valor.
8. Proporcionar nuevas experiencias a los trabajadores: a más variedad más creatividad. Cuanto más variadas sean las experiencias más creativas serán las personas. Si se tiene una experiencia fuera de su campo es más probable que agrande su creatividad.
9. Invitar a los empleados de todas las áreas a realizar *brainstorming* (lluvia de ideas): contar con distintos perfiles y personalidades dentro de una misma junta para encontrar nuevas ideas puede tener muy buenos resultados. Es importante establecer una dinámica en dichas reuniones para evitar conflictos.

10. **Favorecer la autogestión**: dejar que los trabajadores se dirijan a sí mismos es una buena manera de motivar la responsabilidad y participación en grupo. Es recomendable ser flexible en los horarios e invitar al equipo a trabajar por metas y resultados; de esta forma se puede evitar las horas menos productivas y se motivará un sentido de responsabilidad que funciona mejor que las reglas tradicionales.

El **design thinking**, tal como su propio nombre indica, está centrado en el proceso de diseño, dejando en un papel secundario el resultado del producto final. En otras palabras, se trata de una metodología que trata de hacer realidad una idea o proyecto inicial dando especial importancia a cada uno de los pasos del proceso.

Los profesores de la **Design School** de la Universidad de Stanford (Adam Royalty, Hannah Lippe y Daniel Stringer) idearon el método Stanford, una metodología que contempla las distintas etapas que debe contener el proceso de design thinking.

En este sentido, el proceso de design thinking está formado por cinco fases:

1. **Empatizar**: en términos generales, empatizar significa comprender al otro. Así, en esta fase se trata de descubrir cuáles son las necesidades y preferencias del que encarga el proyecto de diseño. Esta fase es fundamental ya que, si no se entiende qué quieren de la empresa, el resultado del proyecto puede no llegar a cumplir sus expectativas. Por ello, no sólo hay que limitarse a escuchar, sino que se deben utilizar métodos de escucha y participación activa en el que se muestren las dudas y se interaccione mejor con el otro para ponerse en su lugar.

2. **Definir**: en esta fase se define el reto o problema a afrontar. Concretamente, se trata de esclarecer y concretar el problema a abordar en el proyecto de design thinking de modo que este adquiera significado y permita obtener y diseñar soluciones viables. Así, se criba la información recopilada en la fase anterior para guardar sólo aquella que aporte valor relevante y permita alcanzar perspectivas interesantes.
3. **Idear**: en esta fase comienza el proceso de diseño y la generación de ideas. De este modo, se entregan los conceptos fundamentales y se valoran los recursos disponibles para crear prototipos y generar ideas y soluciones innovadoras. Toda idea se considera válida en un momento inicial y puede combinarse con otras desde los pensamientos racionales e, incluso, irracionales.
4. **Prototipar**: en esta fase se generan los elementos informativos como, por ejemplo, dibujos, objetos, artefactos y cualquier otra cosa con la que se pueda interactuar, para intentar responder preguntas que acerquen al resultado final del proyecto. En otras palabras, se trata de crear modelos tangibles para diseñar la solución; no se trata de presentar la idea del proyecto oralmente, sino que se trata de plasmarla en un objeto real que dependerá del tipo de propuesta formulada.
5. **Evaluar**: en esta fase, como en cualquier proyecto de cualquier tipo que se pretenda desarrollar, consiste en solicitar y obtener un feedback sobre los prototipos creados en el proceso de design thinking para verificar si el resultado se corresponde con lo esperado inicialmente y recibir sugerencias que permitan refinar y mejorar las soluciones.

II. COMUNICACIÓN EMPRESARIAL

I. Habilidades de Comunicación

Las **habilidades sociales** se pueden definir como aquellas herramientas adquiridas por una persona que le ayudan en el desempeño de una tarea social concreta.

Son un conjunto de hábitos que permiten **mejorar las relaciones sociales**, sentirse bien, conseguir los objetivos... En definitiva, permiten adquirir la capacidad de relacionarse con los demás consiguiendo los máximos beneficios de dicha relación, disminuyendo al máximo las consecuencias negativas derivadas de la interrelación con la otra persona.

Dentro de estas habilidades sociales o personales destacan la asertividad, escucha activa, inteligencia emocional, autoestima, empatía... Mejorar las habilidades sociales produce importantes **beneficios** en el sujeto, además de ayudar a conseguir éxitos personales en las relaciones con los demás así como éxitos profesionales.

El **lenguaje** es la herramienta o recursos que hace posible la comunicación entre dos personas o más. Por lo que dentro de lo que representa el lenguaje, se pueden distinguir dos factores, la lengua y el habla. La facultad del lenguaje es un hecho diferente de la lengua, pero que no puede ejercerse sin esta.

El término habla, además designa el acto del individuo que realiza su facultad mediante la **convención social**, es decir, la lengua. El lenguaje, entendido como la forma de comunicación, se divide en dos formas principales, como son: la forma verbal y no verbal.

El **lenguaje verbal** es muy importante a la hora de la comunicación, ya que permite que se establezca una relación comunicativa entre emisor y receptor, mediante un mensaje hablado. Por ello, en este caso, a continuación se describe la parte oral del lenguaje y de la comunicación en general.

Formas de comunicación

Se pueden establecer una serie de **diferencias** entre el lenguaje oral y el escrito, como son:

1. El lenguaje oral utiliza signos auditivos, es decir, sonidos articulados, mientras que el lenguaje escrito utiliza signos lingüísticos gráficos visuales, es decir, grafías o letras.
2. El lenguaje oral se adquiere de forma natural y lo utilizan todos los hablantes, mientras que el lenguaje escrito se aprende de forma artificial.
3. El lenguaje oral favorece y activa la evolución del hombre, sin embargo, el lenguaje escrito favorece la fijación y la permanencia.
4. El lenguaje oral es más libre, por lo que puede admitir formas individuales del habla, mientras que el lenguaje escrito es más normativo o reglado.
5. El lenguaje oral exige un contexto situacional concreto, mientras que el escrito es independiente de la situación determinada que se esté dando.

6. El lenguaje oral se acompaña de otros recursos expresivos: los gestos, la entonación, el volumen, etc., mientras que el lenguaje escrito no existe demasiada expresión, la puntuación puede ayudar a saber cuál es la entonación.
7. El lenguaje oral es espontáneo, mientras que el lenguaje escrito es forzado y estudiado.
8. El lenguaje oral se basa en una sintaxis irregular, mientras que el escrito se basa en la sintaxis regular.

Tanto la **precisión** como la **claridad** en el lenguaje son características básicas de cómo ha de ser el lenguaje tanto escrito como en su forma oral. De este modo, el lenguaje oral tiene una serie de cualidades como son las que se describen a continuación.

A. Precisión/ concisión

La concisión en una conversación hace referencia al uso innecesario de palabras que puedan **adornar** el discurso, es decir, utilizar las palabras indispensables y justas para expresar lo que se quiere decir en realidad.

Para conseguir una adecuada concisión en una conversación hay que tener en cuenta, por ejemplo, eliminar las frases hechas, que a base de repetirse a lo largo de la historia han podido **perder significado** y no dejar claro el mensaje.

B. Claridad

El mensaje del emisor ha de ser claro, es decir, ha de entrar en la mente del receptor **sin esfuerzo**. De este modo, es importante utilizar las palabras y expresiones correctas dependiendo de con quién se esté estableciendo una conversación. Es importante intentar evitar aquellas palabras que puedan inducir a la confusión o al error en una conversación, intentando dejar lo más claro posible el mensaje.

Teniendo en cuenta los aspectos *paraverbales*, una adecuada intensidad de la voz puede beneficiar a la claridad en la comunicación.

C. Coherencia

Cuando la persona se comunica de forma oral, tiene que tener en cuenta que la persona tiene que recibir el mensaje y **comprenderlo** en el momento para poder emitir respuesta de forma breve, es por ello, por lo que el orden de las ideas ha de ser de tal forma que el receptor no tenga que coordinarlas en el cerebro.

Hay que seguir **secuencias lógicas** y evitar las contradicciones para que el mensaje sea claro y mantenga una coherencia.

D. Sencillez

Esta cualidad es necesaria para poder mantener un estilo adecuado en la comunicación oral, es necesario **evitar lo enrevesado**, complicado o los excesivos adornos lingüísticos que pueden hacer el mensaje más complejo de lo que en realidad tiene que ser.

E. Naturalidad

Otra de las cualidades hace referencia a la **naturalidad** con la que el emisor ha de transmitir su mensaje, que, junto con la sencillez, coherencia y claridad, hacen del mensaje una buena baza para la comunicación.

Para conseguir transmitir un mensaje con naturalidad, es importante utilizar las palabras propias del tema en cuestión, intentando **no ser rebuscado**. Hay que mezclar la naturalidad con lo preciso, la sencillez y la exactitud.

F. Otras cualidades

Además de estas cualidades importantes para que el mensaje pueda entenderse de forma **correcta y fácil**, existen otras cualidades o características que favorecen la comprensión del mensaje.

Estas hacen referencia a aspectos paraverbales, así como:

1. <u>Volumen</u>. Ha de ser un volumen continuo, constante, sin altibajos, ni matices, a no ser que se quiera enfatizar algo del mensaje, pero procurando hacerlo estratégicamente sin elevar demasiado, ya que un volumen de voz alto puede resultar molesto y agresivo.

2. <u>Velocidad</u>. Hay que mantener un punto medio en la velocidad, para que no se aburra y pierda el hilo del discurso si se habla lentamente, ni deje de entender lo que se está diciendo por hablar demasiado rápido.

3. <u>Fluidez</u>. Es la facilidad que posee el emisor para hilar palabras y frases, para así captar la atención de sus interlocutores, hacia el mensaje que esté transmitiendo. Se debe evitar, por tanto, la mala pronunciación, los balbuceos, los sonidos extraños, la prolongación excesiva del final de las palabras, etc.

4. <u>Tono</u>. Va a indicar seguridad, por lo que es necesario mantener un tono de voz firme. De lo contrario, los tonos de voz temblorosos pueden revelar miedo o inseguridad y a su vez, la voz chillona y desagradable puede molestar al oído.

La **expresión oral** es el conjunto de técnicas que sirven para hablar con las personas que están cerca o utilizando algún otro modo de comunicación y establecen las pautas que deben seguirse para comunicarse oralmente con eficiencia, es decir, es la forma de expresar sin barreras lo que se piensa.

Diferentes estudios han identificado que el impacto total de un mensaje es en torno a un 7 % verbal, un 38 % vocal (tono de voz, ritmo, etc.) y en un 55 % no verbal.

Los principales aspectos a tener en cuenta son:

1. <u>Voz</u>: la imagen auditiva tiene un gran impacto para el auditorio. A través de la voz se pueden transmitir sentimientos y actitudes.
2. <u>Postura</u>: debe evitarse la rigidez y reflejar serenidad y dinamismo.
3. <u>Mirada</u>: la mirada es de los componentes no verbales más importantes.

4. Dicción: el hablante debe tener un buen dominio del idioma. Tal conocimiento involucra la buena pronunciación de las palabras, la cual es necesaria para la comprensión del mensaje.
5. Estructura del mensaje: el mensaje debe estar bien elaborado. Es importante tener planeado con anterioridad lo que se va a decir. Un buen orador no debe llegar a improvisar.
6. Vocabulario: al hablar se debe utilizar un léxico que el receptor pueda entender.
7. Gestos: se estima que el 55 % de lo que se comunica se hace a través de gestos.
8. Cuerpo: es importante no mantener los brazos pegados al cuerpo o cruzados.

En resumen, se puede decir que la expresión oral está formada por **9 cualidades**, estas son:

1. Dicción.
2. Fluidez.
3. Volumen.
4. Ritmo.
5. Claridad.
6. Coherencia.
7. Emotividad.
8. Movimientos corporales.
9. Gesticulación.

Calidad de la información

El éxito de una comunicación debe cumplir ciertas normas mínimas de calidad, entre las que destacan las siguientes:

1. Los datos deben ser únicos: Debe establecerse a priori un único criterio de definición, desechando cualquier otra iniciativa salvo para su sustitución.
2. Deben ser veraces: hay que decidirse por uno y ese es el auténtico.
3. También tienen que ser flexibles: capaces de ser modificados en los futuros en su naturaleza (alfabéticos o numéricos) y su longitud. Con ello se dejan las puertas abiertas para cualquier reestructuración futura de cierta índole.

Redactar la documentación de un proyecto resulta difícil por sus **componentes técnicos y prolijos**. Por este motivo, algunos gestores de proyectos utilizan sinónimos a la hora de nombrar un concepto, con el objeto de amansar su contenido. Esto en principio puede originar errores y despistes de interpretación.

Manteniendo la **máxima calidad** en el proceso comunicativo, se podrán establecer diálogos y conversaciones que permitan obtener beneficios de ello, así como datos e información relevante que pueda aplicarse para el proyecto en cuestión.

Formas de presentación

Cualquier tipo de relación social conlleva el trato con otras personas desconocidas y, por lo tanto, lleva a tener que realizar "encuentros" que dan lugar a presentaciones. Según la **Real Academia Española**, presentar es *"dar el nombre de una persona a otra en presencia de ambas para que se conozcan"*.

Se presenta de **menos a más**, es decir, la persona con menos edad es presentada a la más mayor. El hombre es presentado a la mujer. En los casos de coincidencia de mujer y persona mayor, la mujer se presenta a la persona mayor; teniendo en cuenta que la persona sea bastante mayor.

Una cuestión desconcertante con el saludo es quién dirige la palabra primero a quien. Normalmente se sigue un orden inverso al de las presentaciones: la mujer al hombre, el mayor se dirige al más joven, el jefe a los empleados, etc.

En los casos en los que un conocido que va acompañado, se saluda **primero al conocido** y luego a sus acompañantes.

En caso de un **encuentro múltiple** se aplica la misma regla que en las presentaciones; esto es, aquellos más jóvenes saludan en primer lugar a los más mayores, los hombres saludan a las mujeres y los de menor rango a los de mayor rango.

En cuanto al saludo, hay muchos tipos, sobre todo si se tienen en cuenta otras culturas. Pero en la cultura occidental, hay varios tipos de saludos a destacar:

-Dar la mano. Es el saludo más universal y el que puede servir de unión para dos culturas diferentes, que tienen costumbres de saludar de forma diferente. Un corto apretón de manos es suficiente.

-El abrazo. Es un saludo más cercano reservado para ambientes informales, de amistades y familiares.

-El beso. Es muy utilizado entre mujeres y para saludar un hombre a una mujer. Da sensación de cordialidad y cercanía.

-Otros saludos. Hay muchos otros saludos, o variantes de los anteriores. El apretón de manos con ambas manos, la palmada en la espalda, el apretón de manos agarrando el codo, etc.

El saludo **se inicia** de la misma manera que la conversación. El mayor da la mano al más joven, la mujer da la mano del hombre, el jefe da la mano al empleado.

Siempre que se saluda se debe mantener una **postura correcta**, por ejemplo: las piernas rectas, los pies juntos y la mirada al frente, nunca al suelo.

Expresión oral: dicción y entonación

La **dicción** es la manera de pronunciación dentro de las reglas gramaticales. El desconocimiento del idioma hace que se cometan muchos errores imperdonables. Por tanto, el buen locutor debe profundizar en el estudio y práctica de la fonética, que enseña la correcta pronunciación de las palabras.

La **entonación** es el grado de elocución, inflexión y expresión de la voz para lograr una expresión oral de gran calidad.

El tono es un elemento no verbal, sino sonoro. La entonación juega un gran papel en la comunicación oral. Para dar más sentido y mayor expresividad a las palabras, debe graduarse con diferentes matices, el volumen y la intensidad de la voz.

La **entonación** es fundamental en el proceso comunicativo. La voz se desarrolla por completo a los 15 años en las mujeres y a los 18 años en el caso de los hombres, aunque hasta los 50 años no se considera que la voz sea perfecta. Y con ello, la entonación puede repercutir en la transmisión del mensaje según la edad de la persona.

La entonación puede ser ascendente, descendente y mixta:

1. La ascendente sugiere interrogación, indecisión, incertidumbre, duda, suspenso.
2. La descendente sugiere firmeza, determinación, certeza, decisión o confianza.
3. La mixta es doble, simultáneamente es ascendente y descendente, lo que puede provocar una situación de conflicto o una contradicción de los significados. Generalmente, su uso se reserva para denotar ironía o sarcasmo o para exponer una sugerencia.

El **grupo fónico** es la porción de discursos que se encuentra entre dos pausas. El grupo fónico medio en español oscila entre las ocho y las once sílabas.

Lenguaje no verbal

La comunicación no verbal se trata del proceso de comunicación mediante el **envío y recepción** de mensajes sin palabras, es decir, es mediante signos que carecen de estructura sintáctica verbal, por lo que no pueden ser analizadas secuencias de constituyentes jerárquicos.

Estos **mensajes** son comunicados a través de gestos, lenguaje corporal, expresión facial y el contacto visual, etc. La comunicación no verbal es fundamental en el día a día de toda persona.

La transmisión de mensajes a través de un **gesto** o de un movimiento corporal actúa como parte del proceso comunicativo, ya que establece una forma de obtener información de una persona sin que esta emita un mensaje verbal. Por ejemplo, si la persona tiene las cejas hundidas, la mirada baja y la boca hacia abajo, se transmite un mensaje de tristeza, pero si la persona tiene los brazos recogidos o entrecruzados, es posible que el mensaje transmita enfado o inseguridad.

La **comunicación no verbal** (CNV) aparece con los inicios de la especie humana antes de la evolución del lenguaje. Los animales también muestran ciertos tipos de comunicación no verbal.

Es importante **no confundir** la "comunicación no verbal" con la "comunicación no oral", ya que existen formas de comunicación "verbal" no orales, como por ejemplo la comunicación escrita y la lengua de signos. También existe comunicación no verbal que puede ser producida oralmente, como, por ejemplo: los **gruñidos o sonidos de desaprobación**. En los seres humanos, la CNV es normalmente paralingüística, es decir, que va acompañando a la información verbal matizándola, ampliándola o incluso mandando señales contradictorias.

Por eso la CNV es importante en la medida que, al hablar, se centra la atención en las palabras, en lugar de en el **lenguaje corporal**, aunque ello no indique que el lenguaje no verbal quede a un segundo plano. El cerebro es capaz de captar la información de ambos tipos de lenguaje, de forma que elaboren una valoración del mensaje global y puedan determinar si es favorable o no a la conversación mantenida.

La comunicación no verbal ha recibido **menor atención** que la verbal, ya que consiste en un modo de transmisión de información con menor estructura y de más difícil interpretación.

Antes de 1950 hay pocos trabajos publicados que indaguen en aspectos de la comunicación no verbal. Darwin sugirió la posibilidad de que los humanos tienen elementos de expresión que les son comunes. Este autor destacó también la importancia de la comunicación y de la expresión en la **supervivencia biológica**. También David Efron, en su obra Gesture and Environment (1941), determinó la importancia de la cultura en la formación de muchos de los gestos. En la década de 1950, se comenzó un alza de la investigación en todas las áreas de la comunicación humana.

Tipos de comunicación no verbal

Algunos estudios actuales han puesto de relieve también la existencia de una gama de formas de comunicación animal interesantes. En los animales más bien hay conducta instintiva, por lo que este comportamiento **no podría** llamarse comunicación, cuyo sentido final se produce fruto de la reflexión de los seres humanos sobre sus propias maneras de significar.

Las **formas no verbales de comunicación** entre los seres vivos incluyen muchos factores como son luces, imágenes, sonidos, gestos, colores y entre los humanos, además, los sistemas simbólicos entre los que se pueden destacar las señales, las banderas y otros medios técnicos visuales. Estos sistemas simbólicos son creados por los seres humanos para comunicarse y eso conlleva ponerse de acuerdo acerca del significado que van a atribuirle a cada señal.

El **lenguaje verbal** además se considera como artificial en el sentido de que necesita de aprendizaje; sin embargo, el lenguaje no verbal, puede considerarse como natural, ya que viene innato, desde el nacimiento se tiene la capacidad de expresar emociones.

Un bebé cuando llora o está a punto de llorar, comienza a arrugar ciertas zonas de la cara, va cerrando los ojos, abre la boca y llora. Muchos autores afirman que el recién nacido no sabe del significado de las emociones, es decir, cuando sonríe lo hace porque ve a sus padres sonreír y hasta más adelante no relaciona la sonrisa con el bienestar y alegría.

Las **emociones** están estrechamente relacionadas con un repertorio de expresiones faciales, las cuales van a ayudar en la comunicación no verbal.

En el **lenguaje no verbal**, no siempre se utilizan las mismas claves, es decir, lo que para unos puede significar algo, para otros no significa nada o significa cosas muy distintas.

Por ejemplo, en la cultura occidental, cuando una persona se encuentra a otra conocida cuando va por la calle, es común pararse, dar un beso o dos o estrechar la mano y sonriendo a la vez. Sin embargo, en la cultura maorí, es normal saludar agitando la mano y **apretando la nariz** con la de la otra persona.

Esto ocurre también con la **distancia personal**, como por ejemplo, en la sociedad occidental, se tienen cuatro planos de espacio personal. Estas distancias se determinan en parte por la naturaleza de las relaciones entre las personas, ya que cuando se suele invadir el espacio de una persona esta se siente incómoda, por lo que trata de colocar de forma que recupere su espacio.

En una relación de comunicación entre varias personas se pueden dar distintos tipos de comunicación no verbales siguiendo las pautas del lenguaje no verbal, los cuales son:

1. **Kinésica**: se refiere a cualquier tipo de movimiento corporal, es decir, los gestos, las expresiones faciales, el contacto ocular, la postura, etc. Se pueden incluir también las características personales propias, así como la forma del cuerpo, el olor corporal, la postura, el peso, la estatura, el color del pelo y de la piel, etc.

2. **Paralingüística**: se refiere a las conductas que están relacionadas con los aspectos vocales, pero no poseen un componente lingüístico, así como la entonación, la fluidez verbal, la calidad de la voz, los silencios, la pronunciación, los errores en el habla, etc.

3. **Proxémica**: hace referencia a las conductas que se asocian al espacio personal, así como la distancia interpersonal, la forma de sentarse, etc.

4. **Ambiente físico**: se refiere al diseño del lugar donde se realiza la comunicación, teniendo en cuenta objetos como el mobiliario, la decoración, la limpieza, la iluminación del lugar, el ruido, etc.

5. **Tiempo**: se refiere a si se hace esperar a los demás, si existen diferencias culturales en cuanto a la percepción del tiempo, etc.

La **clasificación de distancia interpersonal** que se ha establecido según estudios son las siguientes:

1. Distancia íntima.

Se establece de 0 a 0,5 metros, es la que se establece con familiares más cercanos, pareja o amigos íntimos. También es distancia íntima cuando se dicen secretos, o en las conversaciones en tonos bajos, es decir, cuando el contacto no está permitido.

2. Distancia personal.

Se establece de 0,5 a 1,20 metros, el contacto disminuye en cierto modo, y gana mayor importancia el aspecto visual. Se da en conversaciones entre amigos (de 46 a 76 centímetros aproximadamente) o el trato social entre personas conocidas sin demasiada confianza (más de 76 centímetros).

3. Distancia social.

Se establece de 1,20 a 3,60 metros, siendo esta la que se produce el intercambio social cara a cara. Toma más relevancia tanto la visión como la voz. En los casos de entrevistas y conversaciones se suelen dar en el intervalo de 1,20 a 2,10 metros. Superando los 2,10 hasta 3,60 metros, se refiere a los negocios formales y los discursos sociales.

4. Distancia pública

Se establece de 3,60 metros en adelante, en este caso, tanto la mirada como la audición toman mayor importancia. Cuando existe de 3,60 a 4,50 metros, puede indicar tratos formales y en los casos de más de 4,50 se refiere a la distancia alrededor de figuras públicas de importancia.

Niveles de comunicación no verbal

La comunicación no verbal se rige por el lenguaje no verbal, caracterizándose en dos niveles:

A. Lenguaje corporal

En lenguaje corporal se incluyen las posiciones corporales apoyando o desmintiendo un mensaje verbal. Por ejemplo, sujetarse la cabeza puede comunicar desesperación, o el encogimiento de hombros puede significar inseguridad en cuanto a no saber algo "no lo sé", levantar los brazos, pueden significar **victoria o felicidad**, etc.

La aproximación entre dos personas también se considera indicio de algo, es decir, cuando en una conversación hay afecto o la persona quiere expresar afecto, se **aproxima** o se aproximan. Sin embargo, en situaciones como por ejemplo en ámbitos laborales, la separación indica respeto y cordialidad.

B. Expresiones faciales

Estas forman parte del lenguaje corporal, como se ha expuesto anteriormente, constituyen los mensajes más expresivos. Concretamente, los **movimientos oculares** son los más expresivos de los gestos faciales. Estos gestos son agrandar los ojos, achicarlos, pestañear más rápido o más lento, girar los ojos, etc.

Otras expresiones faciales importantes pueden ser los **movimientos de cejas**, el movimiento de la frente, etc. Por ejemplo, fruncir el ceño, puede indicar enfado, o estirar la frente, puede comunicar sorpresa. Y por descontado, el sonreír comunica felicidad o alegría y llorar puede indicar la mayoría de las veces, tristeza.

En el caso de las cejas, algunos autores han contrastado las diferencias culturales que existen con este gesto y parece que **subir y bajar las cejas** de forma rápida se suele observar en un saludo amistoso, concordancia, flirteo, aprobación, etc.

Estilos de comunicación

El estilo de comunicación es el modo que cada persona tiende a **relacionarse y comunicarse** con los demás. Está formado por el conjunto de acciones y recursos verbales y no verbales que se desarrollan en una interacción por parte de los interlocutores.

Cada uno de los estilos de comunicación está influenciado por las **características personales** de cada hablante, así como por el contexto, repercutiendo de forma significativa sobre ellos y su entorno. Los tres estilos básicos de comunicación son: **asertivo, pasivo y agresivo**.

Estilo asertivo

La asertividad consiste en la capacidad para expresar libremente **opiniones y sentimientos** propios sin violar los derechos de los demás. Su propósito es lograr una comunicación verdadera en la que se consiga un compromiso entre las personas mediante el que cada uno alcance el mayor número de objetivos, conforme a sus necesidades y derechos respetando los de los demás.

En este compromiso va incluido el **respeto** y, aunque no se llegue a un acuerdo entre los participantes de la conversación, existe el derecho a que cada uno tenga su opinión y no se intenten imponer exigencias sobre el otro. Así, estilo asertivo se entiende como un modo de comunicación que utiliza la asertividad como elemento principal de cara a las relaciones interpersonales.

Este estilo de comunicación trae consecuencias:

1. Consecuencias sobre el emisor: se trata de posibilitar que se manifieste libremente, con una comunicación virtuosa que aumenta la probabilidad de que le respeten. Y aunque no siempre se consigan los objetivos, el haberlos expresado generalmente produce satisfacción.

2. Consecuencias sobre los destinatarios: se trata de recibir información, sencilla, clara y no manipulada que provocará a que ellos también se expresen de la misma forma, creando relaciones que estén basadas en la sinceridad, de forma que haya satisfacción de ambas partes.

Sin embargo, la **consecuencia** de este estilo de comunicación no siempre es la ausencia total de conflictos. Hay situaciones en las que la conducta asertiva puede provocar malestar en la otra persona, ya que puede que al interlocutor **no le guste** o no acepte lo que le han expresado. Sin embargo, el modo en que se ha comunicado logra que las relaciones no se deterioren y que a largo plazo estas consecuencias sean positivas.

Las personas que utilizan este estilo de comunicación suelen presentar las siguientes **características personales**:

1. Buena autoestima.
2. Acepta a los demás.
3. Pensamientos y actitud positiva que favorecen las relaciones.
4. Asume su parte, sea buena o mala.
5. Conoce sus derechos y los de los demás.
6. Sabe cuándo expresar sus pensamientos y emociones.
7. Utiliza palabras y gestos adecuados a las distintas situaciones.

Estilo pasivo

El estilo pasivo se trata de una forma de comunicación en la que la persona **no defiende sus propios derechos**, al no expresar con claridad sus opiniones y sentimientos.

El objetivo que se consigue con la comunicación pasiva es **evitar cualquier tipo de conflicto**; significa ser agradable y adaptarse a las necesidades de los demás, sin reparar ni respetar las propias.

Este tipo de conductas trae consigo distintas consecuencias:

1. Consecuencias sobre el emisor: le hace sentir irritado al no poder expresar honestamente sus opiniones o pensamientos. Además, debido a la incompleta e inadecuada información que comunican estas personas, pocas veces son tomados en serio o consiguen satisfacer alguna necesidad. Esto les lleva a sentirse incomprendidos y manipulados, teniendo grandes tensiones y frustraciones que terminan en ataques de ira desproporcionados y síntomas como la culpa, la depresión o la baja autoestima.

2. Consecuencias sobre los destinatarios: estas personas se van cansando por la molestia de tener que adivinar qué es lo que realmente quiere decir el emisor, además de tomar las decisiones y asumir las responsabilidades por ellos.

Este tipo de comunicación la desarrollan personas con algunos **rasgos en común**:

1. Baja autoestima.
2. Sentimientos de inferioridad.
3. Mantienen roles dependientes y pasivos.
4. Conservan relaciones incómodas que no saben controlar.
5. Necesidad del apoyo de los otros.

Estilo agresivo

El estilo agresivo consiste en utilizar una forma de comunicación **desafiante** para expresar opiniones, emociones y defender los propios derechos. Se trata de atacar para defender lo propio y manipular para conseguir los objetivos personales. De este modo, el objetivo de las personas que utilizan este estilo es **dominar y forzar** a los otros en favor de las propias necesidades. Lo consiguen porque consiguen debilitar a los demás, que no son capaces de expresar y defender sus propósitos.

A grandes rasgos, la comunicación agresiva se trata de una conducta en la que **no se tiene en cuenta** ni las necesidades ni los derechos de los demás a la hora de expresarse o conseguir algún objetivo.

Las consecuencias de una comunicación agresiva se manifiestan tanto sobre el emisor como sobre el receptor:

1. Consecuencias sobre el emisor: a corto plazo, suele tener consecuencias tanto positivas como negativas. Las consecuencias **positivas** se ocasionan porque la persona consigue expresar su opinión, conseguir los objetivos propuestos y sentirse con poder. Además, no suele recibir revelaciones por parte de los demás, lo que conlleva seguir manteniendo ese tipo de conductas.

Las consecuencias **negativas** a corto plazo suelen ser sentimientos de culpabilidad y una posible agresión del destinatario, ya sea de forma verbal o no verbal y directa o indirectamente. A largo plazo, los resultados que obtiene el emisor son siempre negativos. Las relaciones interpersonales estarán cargadas de tensión, sin implicación emocional o sin posibilidad de establecerlas de modo duradero y satisfactorio.

2. Consecuencias sobre los destinatarios: estas son muy insatisfactorias. Estos se sienten invadidos, humillados y no respetados. Se producen sentimientos de ira y venganza.

Algunos rasgos de las personas que utilizan este estilo de comunicación son:

1. Baja autoestima.
2. Sentimientos de inferioridad que se ocultan bajo la máscara de la dominancia.
3. Necesidad de los demás para alcanzar sus propósitos y sentirse satisfecho.
4. No tolerancia al "no" o la frustración.

La distinción entre las formas agresivas **invasivas y directas** o **sutiles e indirectas** se basan en los diversos matices que pueden darse. Están influenciadas por los elementos paralingüísticos, el contexto, la relación interpersonal en concreto, etc. Normalmente, el sarcasmo, la ironía maliciosa, un mal comentario delante de gente, etc., son considerados elementos de una agresión indirecta.

Escucha activa

La falta de comunicación que se sufre en la sociedad actual se debe en gran parte a que **no se sabe escuchar** a los demás. Se está más tiempo pendiente de las emisiones propias que en poner en común las ideas y compartirlas con los demás.

La idea de que se escucha de forma automática es errónea. Escuchar requiere un esfuerzo mayor al que se hace al hablar y al que se ejerce al escuchar sin interpretar lo que se oye. Pero, ¿qué es realmente la escucha activa?

La escucha activa se basa en **escuchar y entender** la comunicación desde el punto de vista del que habla.

Existen dos grandes **diferencias** entre el oír y el escuchar: oír es simplemente percibir vibraciones de sonido. Mientras que escuchar es comprender lo que se oye. La escucha efectiva tiene que ser inevitablemente activa por encima de pasiva.

La **escucha activa** se trata de la habilidad de escuchar no solamente lo que la persona está expresando de forma directa, además de atender a los sentimientos, ideas o pensamientos que subyacen a lo que se está diciendo. Por tanto, si se desea llegar a entender a alguien se requiere asimismo cierta **empatía**, es decir, saber ponerse en el lugar de la otra persona.

Algunos elementos que **facilitan la escucha activa** son:

1. Disposición psicológica: prepararse interiormente para escuchar.
2. Observar al otro: identificar el contenido de su discurso, así como los objetivos y los sentimientos.
3. Expresar al otro que le escuchas con comunicación verbal (ya veo, humm, etc.) y no verbal (contacto visual, gestos, etc.).

Entre los **elementos a evitar** en la escucha activa destacan:

1. No distraerse, ya que es fácil en determinados momentos. La curva de la atención se inicia en un punto muy alto pero va disminuyendo a medida que el mensaje continúa y vuelve a ascender hacia el final del mensaje.
2. No interrumpir al emisor.
3. No ofrecer ayuda o soluciones prematuras.
4. No juzgar.
5. No rechazar lo que el otro esté sintiendo.
6. No contar "tu historia" cuando el otro necesita hablar.

7. No contraargumentar. Por ejemplo, cuando el otro dice "me siento mal" y la respuesta que se da es "y yo también".
8. Evitar el "síndrome del experto", esto ocurre cuando se tienen las respuestas al problema de la otra persona, antes de que hayan contado la mitad.

Habilidades para la escucha activa

Entre otras, destacan las siguientes:

1. Mostrar empatía: escuchar activamente las emociones de los demás es tratar de ponerse en su situación y entender sus motivos. Sin embargo, no significa aceptar ni estar de acuerdo con la posición del otro. Para demostrar esa actitud, se utilizarán frases como: "entiendo lo que sientes", "noto que...".
2. Parafrasear: este concepto significa decir con las palabras propias lo que parece que el emisor acaba de decir. Un ejemplo de parafrasear puede ser: "Entonces, según veo, lo que pasaba era que...", "¿Quieres decir que te sentiste...?".
3. Emitir palabras de refuerzo o cumplidos: pueden entenderse como verbalizaciones que suponen un halago hacia el otro o refuerzan su discurso al transmitir que uno aprueba, está de acuerdo o comprende lo que se acaba de decir.
4. Resumir: mediante esta habilidad se informa a la otra persona del grado de comprensión o de la necesidad de mayor aclaración. Expresiones de resumen serían: "Si no te he entendido mal..."; "O sea, que lo que me estás diciendo es..."; A ver si te he entendido bien...", etc.

La reformulación es un método complementario a la escucha activa y a la observación. Es una destreza que consiste en esforzarse en captar y comprender lo que la otra persona expresa, tanto verbal como no verbalmente, y presentárselo con claridad, como si usase un espejo en el que el interlocutor se viera reflejado. Es decir, consiste en **repetir con las propias palabras** lo que se ha entendido del mensaje del interlocutor.

Este tipo de intervención garantiza a la otra persona que el emisor participa de su experiencia y está comprometida en **pensar con ella**, no sólo en ella.

Para lograr una **reformulación o paráfrasis eficaz** hace falta:

1. Escuchar el mensaje con atención.
2. Descubrir qué imágenes y sentimientos se experimentó con el mensaje.
3. Determinar lo que el mensaje puede significar.
4. Crear un mensaje que transmita esos mismos sentimientos e imágenes.

Asertividad

En ocasiones, a muchas personas les cuesta decir que no a diversas situaciones, por lo que este hecho puede crear cierta **ansiedad o preocupación** al tener que hacer algo que en realidad no quieren por temor a ser rechazados, o por tener la creencia de tener que satisfacer a todos o incluso por temor a que les echen del trabajo.

En cualquier caso, decir que no, puede significar decir que sí a otra cosa. Para ello, es importante tener una **actitud positiva**: sentirse bien, a gusto y con seguridad, ya que es la mejor manera de conseguir respeto por los demás.

Ser asertivo **no significa ser egoísta** y pensar siempre en uno mismo y estar por encima de los demás, se trata tan solo de ser capaz de decir lo que desea, piensa o siente, siendo consciente siempre de que se actúa sabiendo lo que se hace y con respeto.

Existen **dos respuestas asertivas** dependiendo de las características de la situación:

1. Asertividad de oposición

Se trata de un comportamiento en el que no se acepta la opinión del otro, no se deja que el otro consiga sus objetivos.

2. Asertividad de aceptación

Se trata de elogiar, hacer comentarios positivos sobre las conductas o características del otro.

En términos generales puede decirse que una persona asertiva es aquella que es capaz de **comunicar sus observaciones** con claridad y honestidad con tacto para no generar incomodidad ni hacer sentir mal a los alumnos o familias de estos, a los que dirige su conversación.

Sin embargo, es importante saber que las personas tienen una serie de **derechos asertivos**, algunos de los cuales se muestran a continuación:

1. A ser el único juez del propio comportamiento, de los pensamientos y las emociones.
2. A no tener que dar razones o excusas para justificar un comportamiento.
3. A juzgar o decidir si la persona asume o no la responsabilidad de buscar soluciones para los problemas de otras personas.
4. A cambiar de opinión.
5. A cometer errores y ser responsable de los mismos.
6. A decir "no sé".
7. A ser independiente de la buena voluntad ajena.
8. A tomar decisiones ajenas a la lógica.
9. A decir "no lo entiendo".

Algunos autores describen **cuatro rasgos** en los que la asertividad se debe manifestar:

1. Independencia, para manifestar y expresar todo lo que opina sobre lo ocurrido.
2. Capacidad de comunicación con las partes del conflicto, de manera sincera, clara y abierta.

3. Lucha por obtener los objetivos.
4. Acepta sus limitaciones, y sabe que lo importante es participar, aunque al final fracase.

En función a todo ello, se puede afirmar que el **entrenamiento de la asertividad** se basa en los siguientes aspectos:

1. Las personas pueden llegar a modificar las conductas negativas que provocan conflictos, pero sólo en qué caso de que estas personas se den cuenta de que sus conductas producen problemas. Se les enseña a modificar sus conductas negativas.
2. Es necesario practicar las respuestas adecuadas a través de simulaciones de situaciones en las que las personas muestran dificultades de expresión y después se debería de ensayar con situaciones reales.
3. Una vez que las personas adquieren los tipos de respuesta asertivas que se correspondan a cada situación, deben modificar sus creencias sobre las consecuencias de ser asertivos. Esto es, evitar mensajes negativos, que llegan a culpabilizar, por haber expresado las propias emociones y no haber cedido a las peticiones de los demás, no permitiendo por tanto la manipulación de los demás.

Feedback

Cuando en una relación de comunicación se obtiene **información** por parte del receptor, como respuesta al mensaje del emisor, puede considerarse como feedback o retroalimentación, es decir, comunicar al emisor sobre su mensaje, si lo ha entendido bien el receptor, si lo ha expresado correctamente el emisor.

Por lo que **se puede tener en cuenta** lo siguiente respecto al feedback que se obtiene del receptor:

1. Si demanda o no más información acerca del contenido del mensaje.
2. Si capta de forma correcta el mensaje y lo entiende.
3. Si está alcanzando el objetivo que el emisor se haya propuesto.

Este elemento, el feedback, es un factor determinante en la comunicación que se puede definir como el **intercambio de las intenciones** de los sujetos que intervienen en el acto de comunicación, y que llega a uno mismo como un flujo de sensación o sentimiento que va circulando en ambas direcciones de forma bidireccional.

Feedback

La capacidad de generar **retroalimentación o feedback** durante la comunicación, constituye una de las habilidades comunicativas más importantes, ya que posee la cualidad de perjudicar o beneficiar a cualquier miembro que participe en el proceso comunicativo.

Es una parte fundamental del **desarrollo personal** hacer un buen uso de esta herramienta comunicativa, ya que la retroalimentación que se proporciona, puede resultar difícil e incómoda tanto para el emisor como para el receptor.

Existen **varios tipos de feedback**, estos son los siguientes:

1. Positivo. Es el que se transmite para facilitar o reforzar la conducta de la persona que habla, tras comprobar que la conducta emitida cumple todas las expectativas esperadas.

2. Constructivo. Con este tipo de feedback se enseñan las diferencias entre el comportamiento emitido y el deseado, aclara cuáles son las mejoras que se deben de aplicar a la conducta.

3. Negativo. Es aquel que señala un comportamiento no deseado, pero si no se aplica de manera correcta, puede desmotivar a la persona evitando que aprenda como debe hacerse realmente.

4. Ausencia de feedback. Cuando no se ofrece ningún tipo de feedback, por lo que la persona que emite la conducta, no sabe si lo está haciendo bien o no y qué es lo que debe mejorar en caso de que esté cometiendo errores.

Para dar una retroalimentación efectiva es necesario tener en cuenta las siguientes reglas:

1. Examinar la buena disposición del que la va a recibir.
2. Examinar si es la adecuada, si realmente es provechosa para el/la otro/a.
3. Valorar que el momento sea el propicio.
4. Dosificar la retroalimentación, haciendo un balance adecuado de los aspectos positivos y negativos.
5. Examinar si la retroalimentación que se aporta es realmente la deseada.
6. Ser concreto/a.
7. Ser descriptivo/a.
8. Explicar los motivos que impulsan a dar retroalimentación.
9. Examinar si realmente es captado el mensaje que se pretende transmitir.
10. Examinar la propia capacidad de enjuiciar.

En cuanto a la **recepción de retroalimentación**, se recomiendan las cinco reglas siguientes:

1. Solicitar a los demás la retroalimentación con la mayor frecuencia posible.
2. Decir concretamente qué informaciones le interesa conocer sobre su comportamiento, relaciones, resultados...
3. Evitar la tentación de refutar o defenderse.

4. Examinar la importancia de las informaciones (retroalimentación) que brinden los/as otros/as.
5. Comunicar las reacciones personales ante esa retroalimentación, y agradecérselo a los que la brindaron.

Empatía

La **empatía** es un concepto que hace referencia a la capacidad de ponerse en el lugar del otro, atendiendo a las preocupaciones de los demás, respetando sus sentimientos y otorgándole una gran importancia a la escucha.

Un primer paso muy importante para establecer lazos de empatía con otra persona consiste en realizar un **esfuerzo por entenderla**, para que en situaciones de estrés, duras o conflictivas exista la comprensión entre todos.

Aunque las causas de la falta de comprensión no siempre son obvias, depende del sexo al que se pertenece, la etnia en la que están incluidos, la religión, el lugar de residencia, los estudios realizados, la posición profesional, en resumidas cuentas, las **experiencias propias** de cada persona.

La empatía tiene tres fases:

1. Fase de identificación. Es "el arte de meterse en el pellejo del otro", identificándose con su persona y con su situación.

2. Fase de incorporación y repercusión. Todo cuanto nos cuentan, repercute en nosotros. Se despiertan en mí inconscientemente impulsos correspondientes o un conjunto de sentimientos.

3. Fase de separación. Es el momento de separarse de la implicación en el plano de los sentimientos y de darle paso al método de la razón, interrumpiendo deliberadamente el proceso anterior. Si no hay separación, se corre el riesgo de quemarse. No hay empatía si no hay separación (se daría simpatía o identificación emocional).

Las **fases expuestas** se han de entender como posiciones que la persona adquiere para sentir empatía de una forma correcta. Por ello, si no se realizan de forma correcta tales fases, pueden aparecer problemas.

El hecho de que la persona reproduzca la fase de identificación y de incorporación, sin realizar la fase de separación, puede provocar en la persona un **exceso de emociones** por dejarse llevar por la experiencia de la otra persona. Por el contrario, a ojos de los demás, el hecho de desentenderse de la experiencia puede provocar reacciones negativas ante la otra persona.

En el caso de la fase de incorporación y repercusión, la persona experimenta ella misma la experiencia de la otra u otras personas, por ello, experimentar de forma excesiva puede acarrear problemas, como puede observarse en el siguiente **ejemplo**:

Los empleados de la empresa, pensaban que María era una persona compasiva y buena, ya que cuando alguien tenía problemas ella no dudaba en acudir y se interesaba con la finalidad de ayudar a resolverlos.

Sin embargo, cuando lo hacía, se implicaba tanto en la experiencia de la otra persona, que sentía lo que ésta estaba sintiendo. Esos sentimientos que María experimentaba, se quedaban con ella para el resto del día, influyendo de forma negativa en su trabajo.

Efectos de la empatía

En las relaciones habituales se funciona con la autenticidad y la empatía de forma **bidireccional**. Tanto emisor como receptor, han de mantener la empatía en la conversación.

El uso de la empatía tiene una serie de **beneficios**, los cuales pueden ser:

1. Provocar sentimientos y experiencias relevantes para ambas personas de la interacción.
2. Estimula la autoexploración de la persona empática.
3. Favorece la autoconfrontación.
4. Transforma constructivamente a los interlocutores.

5. Alivia la carga afectiva al contárselo a la persona que expone su problema o situación.
6. Intensifica el diálogo crítico del receptor con sus propias vivencias.

II. Negociación Avanzada

La **negociación** es el proceso de interacción que se determina entre varias partes con el objetivo de llegar a un acuerdo. El acuerdo supone la solución del conflicto o la mejora en la gestión del mismo.

Es necesario iniciar el proceso de negociación cuando se presentan determinadas **diferencias de posición,** puntos de vista, necesidades, intereses, etc., entre dos o más partes.

Gracias a la negociación se consiguen **eliminar o reducir** estas diferencias, acercando gradualmente las posiciones hasta que se encuentren en un punto que sea beneficioso para ambas partes.

Para que la negociación sea exitosa es necesario que exista un cierto interés por parte de los afectados a la hora de llegar a un acuerdo mutuo. Si una de las partes no está interesada en participar o en llegar a un acuerdo no se desarrolla la negociación.

Otro de los aspectos claves para que el proceso de negociación tenga éxito es el **respeto** hacia los demás. Sin respeto, la negociación se ve gravemente afectada. No hay que ver al otro como un enemigo a batir; hay que tratar a los demás como colaboradores con los que se va a trabajar para superar las diferencias existentes y llegar a un acuerdo aceptable.

Cuando se está desarrollando el proceso de negociación las personas implicadas **no están enfrentadas** entre sí; lo que está siendo enfrentado es el problema.

No obstante, cuando dos o más personas se encuentran en mitad de las negociaciones, se suele dar, con bastante frecuencia, la **falta de respeto** entre las partes afectadas, convirtiendo el proceso en una lucha de poderes y de intereses en el que cada una de las partes pretende imponer su voluntad, buscando su propio beneficio a costa de los demás.

Son casos en los que las posibilidades de llegar a un acuerdo se **reducen al mínimo** y, en caso de alcanzar algún pacto o alianza, se cometen una serie de errores:

1. Que la parte que ha cedido más, normalmente vista como perdedora, no cumpla lo que se ha acordado.
2. Que el perdedor desempeñe el pacto acordado, pero no quiera negociar más con el vencedor haciendo imposible el establecimiento de relaciones perdurables.

En resumen, se debe encontrar una **solución equilibrada** y que se ajuste a las demandas y puntos de vista de todos los participantes en la negociación. Las ventajas son:

1. El acuerdo es algo propio y no una solución impuesta.
2. Las partes que han negociado se sienten satisfechas.
3. Al sentir satisfacción, los participantes se muestran más motivados y con intención de cumplir con lo acordado, manteniendo la relación profesional.

Por otro lado, la habilidad negociadora es considerada como una de las más importantes para el personal ejecutivo, directivo y profesional. Si se **negocia mal** no se alcanzarán los objetivos, pero si se negocia bien se logrará el éxito. Saber negociar es básico.

Un **buen negociador** se trata de aquel que desarrolla un gran abanico de habilidades para relacionarse de forma excelente tanto con personas como con grupos. Así, la negociación es algo más que un conjunto de técnicas: está estrechamente relacionada con el desarrollo personal.

Estilos de negociación

Existen diferentes tipos de negociación. Algunos negociadores pretenden ir directamente al meollo del asunto, mientras que otros prefieren establecer una **alianza** de tipo personal antes de comenzar con las negociaciones. En el primer caso, la decisión está basada en los objetivos: por ejemplo, en base al coste, características técnicas, garantía, etc., mientras que en el segundo caso se valoran especialmente las relaciones basadas en la confianza, la simpatía por el otro, la virtud, etc.

Un factor que resulta concluyente, para saber cuál es el **estilo de negociación** que más conviene usar ante una determinada situación, es comprobar si se trata de una negociación aislada, puntual o si lo que se intenta es mantener una relación duradera con las demás partes.

La diferencia fundamental radica en si es **importante o no** para el negociador establecer esa relación a medio o a largo plazo con las demás partes.

Los estilos fundamentales de negociación son: la negociación inmediata, la progresiva y la negociación situacional.

La **negociación inmediata** busca establecer un acuerdo lo más rápido posible, sin dar demasiada importancia a las relaciones personales con los demás. Ejemplo de negociación inmediata: Compra-venta.

En una relación de **compra-venta**, la negociación es inmediata ya que tanto el vendedor como el comprador se encuentran en la misma escena, pudiendo intercambiar diferentes aspectos sobre el producto y/o servicio y estableciendo los límites que cada cual desea tener.

A través de la **negociación progresiva** se pretende conseguir una aproximación progresiva en la que goza de especial importancia la relación personal con el interlocutor. Es conveniente crear un ambiente de confianza antes de implicarse por completo en el proceso de negociación. Ejemplo de negociación progresiva: la relación con un proveedor.

La negociación en función de la importancia de la relación y del resultado o **negociación situacional** es el mejor estilo de negociación. Se caracteriza porque el negociador debe modificar su estilo de negociar en base a las circunstancias en las que se encuentre:

1. Conocer con detalle la situación en la que se encuentra.

2. Ser consciente tanto de sus habilidades y de sus debilidades.
3. Utilizar la técnica que mejor se adapte a la situación en cuestión.
4. Capacidad de adaptación y agilidad para cambiar de estilos.

El **perfil de la persona** que negocia pasa por una inusitada capacidad de transformación comportamental ante situaciones diversas. Diversos autores han estructurado un modelo a través de la consideración de dos variables: importancia de la relación e importancia del resultado.

De estas dos variables se pueden diferenciar cinco estilos:

A. Negociación acomodativa: perder/ganar

Presenta una conducta pasiva o sumisa. Se caracteriza por:

1. Cuando interesa mantener y cuidar la relación por encima de cualquier resultado.
2. Se rige por el siguiente principio: una concesión de hoy puede significar un éxito para mañana.
3. Se da cuando es necesario resolver una situación conflictiva.
4. Es un error adoptar este estilo de forma permanente. Ya que será percibida como una persona débil y fácil de ganar.
5. Cuando interesa dar prioridad a la relación para aumentar la confianza que existe entre dos empresas o personas, etc.

B. Negociación colaborativa: ganar/perder

Características:

1. Conducta asertiva y actitud de cooperación: se da cooperación para aumentar la eficacia, no necesariamente por motivos morales.
2. Se intenta mantener una buena relación, además de obtener un buen resultado.
3. Se usa mayormente para las negociaciones internas en las organizaciones.

4. Las finalidades de las partes son exactamente iguales, por ejemplo, los mismos clientes.

C. Compromiso: conducta asertiva

Características:

1. Cuando se tiene cierto interés tanto en los objetivos como en las relaciones.
2. Cuando la colaboración es difícil.
3. Cuando se trata de situaciones en las que hay predeterminado un tiempo máximo para encontrar una solución.
4. Se necesita agilidad, rapidez y sentido táctico.

Producto

D. Negociación evitativa: evita perder/perder

Características:

1. Se da cuando no se está interesado en el resultado ni en la relación.
2. Cuando es conveniente apelar a la mediación, a la justicia, etc.
3. Cuando existan situaciones de conflicto oculto, si se inicia la negociación hay una gran probabilidad de que surja la agresividad por ambas partes.
4. Cuando no se puede conseguir nada, lo que implica que el único beneficio sea para la otra parte.

E. Negociación competitiva: actitud de ganar/perder. Conducta agresiva

Características:

1. Se suele realizar una única vez sin que sea necesario mantener la relación a lo largo del tiempo.
2. Se presenta cuando los objetivos de ambas partes son incompatibles entre sí.
3. Es frecuente que el único factor a negociar sea el económico.
4. El tratamiento del problema se realiza de forma competitiva y agresiva, pero existe respeto completo por el resto de las partes.

Fases de la negociación

Las fases de negociación se diferencian en tres grandes etapas: preparación, desarrollo y cierre.

Preparación

Algunos estudiosos coinciden en considerar a la **preparación** como la etapa clave para el proceso de negociación. En esta fase se pretende obtener toda la información posible y necesaria que proceda tanto de las propias condiciones o intereses y también de las del resto de participantes en la negociación.

Implica el **establecimiento de límites** sobre el tema o temas a tratar, esto es, conlleva identificar cuáles son los objetivos de la negociación, los intereses, las posibles opciones, etc.

Además, la preparación implica que no se puede dejar todo en manos de la **improvisación**. La improvisación no tiene efecto si se desea iniciar una negociación para obtener como resultado acuerdos duraderos y óptimos.

Esta fase se caracteriza por:

1. El objetivo de la preparación pretende identificar de forma precisa qué es lo que se pretende con la negociación, así como también averiguar lo que pretende la otra u otras partes negociadoras.
2. En caso de no cumplir con el objetivo principal, se establece otro alternativo.
3. Intereses: delimitar las necesidades o esclarecer qué solución se busca.
4. Alternativas: tener claro qué otra cosa se haría en el caso de que la negociación no tuviera éxito.
5. Opciones: conlleva generar todas las soluciones posibles, siendo frecuente el empleo del *brainstorming* o lluvia de ideas.
6. Acuerdos: implica ordenar por prioridad las opciones según la satisfacción de los intereses de ambas partes, o bien según la realidad (esto es, si es posible o no llegar a dicho objetivo).
7. Seguimiento: debe quedar de manifiesto qué persona hace qué en qué momento. Tener en cuenta que los acuerdos suponen un fuerte compromiso entre dos partes en un espacio y tiempo concretos.

Desarrollo

El desarrollo se define como la etapa que abarca desde el momento en el que las partes **inician la negociación** hasta que **finaliza la reunión**, tanto si se alcanza un acuerdo como si no.

Durante el **desarrollo**, aquellas partes involucradas en la negociación se encargan principalmente de establecer un intercambio de información y establecer una defensa de los puntos de vista que poseen.

Por tanto, es inevitable que aparezcan **acuerdos y desacuerdos** en algunos puntos de la reunión, de forma que se intentará realizar un acercamiento a ambas posturas de forma que ambas partes obtengan beneficio de la negociación.

La duración de esta etapa es indeterminada, puesto que se entiende que no existe un acuerdo inicial entre las partes, por lo que es necesario tener paciencia y esperar al desarrollo normal de la negociación. Es importante **no adelantar acontecimientos** ni anteponerse a los pensamientos y opiniones de los participantes, sino que se debe esperar a la intervención de cada parte para poder ir obteniendo conclusiones que sean fructíferas y que den forma a la negociación.

Cierre

Se puede **dar el cierre** en las negociaciones tanto si existe acuerdo como si no. Antes de finalizar la negociación y cerrar los acuerdos, será necesario garantizar que todos los aspectos tratados han sido clarificados, que no existen dudas al respecto ni cuestiones a debatir, de forma que todos los integrantes de la negociación comprendan del mismo modo los puntos que se han debatido durante el proceso.

Cuando se haya cerrado la negociación, será necesario también **recoger todos los acuerdos** establecidos por escrito, de forma que quede un reflejo físico y documental de lo tratado en la negociación. Ello permite que las partes se relajen, aunque deben estar atentos a lo que se escribe en dicho documento para no acordar nada que no se haya tratado previamente de forma verbal. Por ejemplo, cláusulas de incumplimiento, indemnizaciones, prórrogas, etc.

El cierre de la negociación puede darse también por una **ruptura entre las partes**. Cuando se dé por concluida la negociación es importante analizar objetivamente cómo se ha desarrollado, para identificar posibles fallos y aspectos a mejorar.

Estrategias de negociación

Las estrategias de negociación se tratan de las acciones dirigidas a la consecución de los **objetivos propuestos** durante el proceso de negociación.

Estrategia "ganar-ganar"

Consiste en intentar llegar a un acuerdo que resulte beneficioso para todas las partes implicadas. Mediante esta estrategia se evitan o minimizan posibles conflictos o resentimientos de los perdedores.

Características:

1. Beneficio para todas las partes. Con este tipo de estrategia se busca tanto el beneficio propio como el de los demás implicados.
2. No existen oponentes. Los demás no se perciben como oponentes o contrincantes sino como colaboradores.
3. Genera un clima de confianza. Ambas partes asumen la necesidad de ceder en puntos determinados para poder llegar a un acuerdo.
4. Buenos resultados. Con esta estrategia no se encuentra un beneficio máximo pero sí lo suficientemente bueno como para pensar que ambas partes han salido beneficiadas.
5. Aumenta el compromiso. Todos los implicados estarán satisfechos con el resultado.
6. Basada en la colaboración. El clima de confianza generado hace posible que se pueda ampliar la colaboración durante la negociación. Por eso se pueden obtener mejores resultados de lo que se esperaba en un principio.
7. Mejora las relaciones profesionales. La estrategia de negociación hace que las relaciones personales entre los implicados mejoren.

Estrategia "ganar-perder"

Mediante esta estrategia los implicados en el proceso de negociación compiten entre sí. El intento de acuerdo satisface las necesidades y los intereses del ganador, en detrimento del perdedor.

Características:

1. Beneficio para una única parte. Una de las partes debe quedar como ganadora, tratando de alcanzar el máximo beneficio a costa del oponente.
2. Los oponentes son contrincantes y rivales sobre los que alcanzar la victoria.
3. Genera un clima de confrontación. Mientras que el ambiente creado por la estrategia ganar-ganar es de colaboración, en la estrategia ganar-perder se crea un ambiente de confrontación, un clima competitivo.
4. Máximos resultados para una de las partes. El ganador de la negociación obtiene los máximos resultados, el perdedor no obtiene ningún tipo de beneficio.
5. Disminuye el compromiso. Un riesgo que conlleva adoptar esta estrategia es que una de las partes puede resistirse o negarse a cumplir su parte del acuerdo.
6. Dificulta las relaciones profesionales. Los implicados desconfían los unos de los otros y usan técnicas de presión para obtener los resultados que desean.

Para terminar, la estrategia de **"ganar-ganar"** permite establecer una relación futura entre las partes, por lo que se considera que es básica en el mantenimiento de la relación profesional, fortaleciendo las uniones de ambas partes.

Asimismo, los casos en que se puede aplicar la técnica ganar-perder deben ser aislados, ya que resulta **perjudicial** para las relaciones profesionales ya que se corre el riesgo de que la parte que ha perdido no quiera volver a negociar.

Tácticas de negociación

Las tácticas hacen referencia a las acciones individuales que cada parte implicada en el **proceso de negociación** lleva a cabo para alcanzar sus objetivos.

Es fácil confundir las tácticas con las estrategias:

Estrategias
Se reconocen por intervenir con una línea general de actuación.

Tácticas
Se definen como el conjunto de acciones que concretan una estrategia.

Así, el uso de diferentes tácticas, con un **objetivo común**, compone una estrategia. De esta forma, es posible diferenciar varias tácticas de negociación aplicables a cualquier momento del proceso de negociación, las cuales se describen a continuación con mayor detenimiento y profundidad.

Tácticas de desarrollo

Las tácticas de desarrollo son aquellas que sirven para **determinar la estrategia** a elegir, pudiendo ser de colaboración (ganar-ganar) o de confrontación (ganar-perder).

Ejemplos de tácticas de desarrollo:

1. Una de las partes da el primer paso en la negociación, presentando su postura y su propuesta o bien esperando a que sea la otra parte quien tome la iniciativa.
2. Se facilita toda la información disponible o se expone únicamente la información que se considere necesaria.
3. Ser el primero en ceder o esperar a que sea la otra parte quien lo haga.

Tácticas de presión

Por otra parte, las tácticas de presión son aquellas que sirven para **defender la propia postura** y debilitar la del oponente. Mientras que las tácticas de desarrollo no tienen como objetivo perjudicar las relaciones personales o profesionales, las tácticas de presión consisten en menoscabar al contrario, generando confusión o debilitando los argumentos del oponente.

Ejemplos de tácticas de presión:

1. **Desgaste**. No abandonar nunca la postura y los propios argumentos ni ceder bajo ningún concepto o hacer concesiones mínimas. Lo que se intenta es quemar al contrario hasta que se rinda y sea la otra parte quien realice las concesiones.
2. **Ofensiva**. Presionar, intimidar y atacar al contrario rechazando cualquier intento de acuerdo. Se intenta generar un clima tenso y que incomode a los oponentes.
3. **Engaño**. Proporcionar al oponente información falsa, aparentar determinados estados de ánimo, dar opiniones que no se corresponden con la realidad, etc.; se trata de mentir u ocultar para conseguir lo que se desea.
4. **Ultimátum**. Forzar a la otra parte a tomar una decisión sin darle tiempo para que reflexione. Expresiones típicas de esta táctica son: "o lo tomas o lo dejas", "otras personas están muy interesadas, así que tienes que decidirte ahora".
5. **Cada vez más exigencias**. Una vez que el oponente cede realiza una nueva petición, percibiendo el oponente que nada de lo conseguido parece ser suficiente. Así, la parte contraria intentará cerrar el acuerdo lo antes posible para evitar nuevas demandas.
6. **Tiempo**. Usar el tiempo en beneficio propio. Por ejemplo, se alarga la reunión todo lo posible hasta agotar al oponente.

Sin embargo, las tácticas engañosas pueden resultar muy negativas para ambas partes. Es mejor aplicar la profesionalidad, preparar las negociaciones, ser franco y respetar a los demás.

Articulación de propuestas

La técnica de articulación de propuestas permite que todas las partes consigan **resultados óptimos** (negociaciones colaborativas o de compromiso) o bien que una de las partes salga más beneficiada (negociaciones competitivas y acomodativas).

Una propuesta pretende intentar conseguir el equilibrio que hay entre los propios intereses y los de los demás. Se define como una transacción justa entre los propios deseos (condición) y los deseos de otra persona (oferta). Para aplicar esta táctica se debe ser capaz de presentar propuestas que sean **justas y equilibradas**.

Las propuestas deben ser abstractas o concretas, tanto para articular la condición como la oferta:

Propuestas abstractas
Son propuestas abstractas cuando no aportan información que esté relacionada con lo que se está demandando u ofreciendo.

Propuestas concretas
Las propuestas concretas, por su parte, sí detallan la información sobre las condiciones o las ofertas.

Al combinar el uso de las propuestas abstractas y concretas se obtienen diferentes tipos:

1. Propuesta abstracta-abstracta. Adecuada para preparar la negociación y tantear a los oponentes.
2. Propuesta abstracta-concreta. Ideal para negociaciones acomodativas en las que se tiene menos poder que la otra parte.
3. Propuesta concreta-abstracta. Utilizada para negociaciones muy competitivas o cuando existe un poder mayor sobre la otra parte.
4. Propuesta concreta-concreta. Resulta adecuada para todo tipo de negociaciones, aunque sobre todo es adecuada cuando se desea cerrar el proceso de negociación.

Negociación de intereses

Cuando las partes insisten en mantener su postura y sus argumentos ante todo se genera una situación de conflicto que puede acabar con las partes enfrentadas. Las posturas adoptadas se expresan abiertamente antes de comenzar la negociación. Además de las posiciones los involucrados tendrán también determinados intereses.

Es importante saber que, si la negociación se plantea en base a una única posición, el proceso estará estancado y tendrá como consecuencia un regateo que terminará **bloqueando la negociación**.

Para mostrar los intereses se pueden aplicar las siguientes técnicas:

Técnica del paso: dividir una negociación en partes y proceder paso a paso. Cada parte obtiene beneficios en cada paso, así están dispuestos a pasar al siguiente.
Técnica del paquete: cuando ambas partes concretan sus intereses se alcanza un acuerdo generando un "paquete" de condiciones que puede ser intercambiado.
Técnica de la ampliación: Se usa sobre todo en negociaciones extremadamente colaborativas, se trata de aceptar elementos en la negociación que en un principio no se tuvieron en cuenta.

Lugar de negociación

Las negociaciones pueden establecerse en muchos y diferentes lugares. Este apartado se centra en tres posibilidades, cada una con sus ventajas.

Negociar en la propia oficina

Cuando el proceso de negociación se realiza en la propia oficina se va a sentir una mayor tranquilidad al estar en **terreno conocido**. Incluso puede parecer que se está en **ventaja** con respecto al oponente.

Se caracteriza por:

-La información está totalmente disponible, incluso se puede preguntar algo a los compañeros en caso de duda.

-Permite elegir la sala donde se celebrará la reunión para la negociación, controlando detalles como la mesa, la disposición de las personas, etc.
-Mayor control del tiempo a la hora de comenzar con la reunión, las pausas, la reanudación, etc. Normalmente se usa en beneficio propio.
-Cuando se actúa de anfitrión se atiende mejor al interlocutor, con actos como recogerlo en el aeropuerto, invitarle a desayunar, etc.

Negociar en la oficina de la parte contraria

En este caso es la parte contraria la que goza de las ventajas expuestas en el punto anterior. Aunque también puede aportar **algunos beneficios**:

1. Ejercer mayor presión a la parte contraria.
2. Controlar las interrupciones e intentar ganar tiempo.

Negociar en terreno imparcial

En este caso las dos partes se encuentran bajo las **mismas condiciones**. Ejemplos de lugares que pueden ser considerados como neutros para todas las partes implicadas en la negociación son hoteles o restaurantes (hay que asegurarse de que posean las condiciones necesarias para organizar reuniones).

Un **inconveniente** que tiene el elegir un terreno neutral es que pueden no estar disponibles los recursos necesarios. Negociar en lugares neutros está especialmente indicado cuando las partes no se conocen. No obstante, una vez que se han establecido varios encuentros, es adecuado y más cómodo seguir negociando en una de las sedes.

Independientemente del lugar donde se decida organizar la reunión para las negociaciones, las salas deben tener unas determinadas **características y una serie de recursos**:

1. Adecuada iluminación y temperatura agradable.
2. Buena acústica: que se oiga claramente a todos los interlocutores, evitando ruidos e interrupciones.
3. La sala debe ser lo suficientemente amplia como para albergar a todos los participantes.
4. Disposición de personas: evitar los privilegios, no es recomendable colocar a unos miembros del equipo en sitios preferentes.

5. Material disponible: proyector, teléfonos, ordenadores, etc.

Reservar una sala privada para los visitantes en caso de que necesiten reunirse entre ellos para discutir o decidir sobre algún asunto.

Iniciar la negociación

Es importante saber elegir el mejor momento para comenzar con la negociación. El momento para iniciar las negociaciones debe ser **planificado** con antelación. Se debe valorar la posibilidad de que las negociaciones se alarguen en el tiempo.

Sin embargo, en algunas ocasiones, se genera la necesidad de comenzar el proceso de negociación de forma **espontánea**, sin tiempo para su preparación, ante lo que hay que actuar con agilidad y rapidez.

Por otro lado, se debe **evitar negociar con prisas**, de lo contrario la negociación no resultará tan beneficiosa como en los casos en los que se prepara. En caso de que no haya más remedio que negociar con prisas se debe intentar que la otra parte no sea conocedora de la necesidad urgente de llegar a un acuerdo.

Finalmente, cuando se inician las negociaciones, hay que tener presente que se deben respetar los tiempos de negociación. Es decir, determinados negociadores toman demasiado rápido sus decisiones y de forma precipitada, mientras que otros necesitan reflexionar sobre el paso que van a dar. Por eso, no se recomienda presionar en exceso a la otra parte, puesto que puede ser **perjudicial** para el resultado de la negociación.

Claves de la negociación

Las claves de una buena negociación son:

1. La planificación. Es muy recomendable preparar con antelación la negociación. Ya que es importante tener muy claros los objetivos que se quieren alcanzar.
2. Rigurosidad. Esto garantiza que los acuerdos se produzcan con normalidad y se eviten conflictos o tensiones.

3. Respeto hacia los demás. El respeto favorece la creación de un clima de colaboración. No existen enemigos en el proceso de negociación ya que se trata de colaboradores con los que se llega a una solución que cubra las demandas y los intereses de todos.
4. Empatía. Conocer los intereses de los negociadores ayuda a dar con la mejor solución.
5. Confianza. Es muy importante para una buena negociación. Al comienzo de la negociación se debe crear un clima de confianza entre ambas partes.
6. Flexibilidad. Las personas que posean la capacidad de adaptarse a las nuevas características de una situación en concreto podrán encontrar soluciones alternativas adecuadas.
7. Creatividad. La mejor característica para superar puntos conflictivos.
8. Asertividad. Es importante tener la capacidad de decir no, evitar malentendidos, establecer una comunicación eficaz, etc.

Elementos de la negociación

En la negociación, es posible diferenciar varios elementos que participan en el proceso, pudiendo diferenciar entre persona, propuestas y problemas, conocidos comúnmente como las **3P de la negociación**.

A. Persona

El diccionario de la Real Academia de la Lengua Española define negociador como "*Dicho de una persona: Que interviene en la negociación de un asunto importante*". Establecer una **clasificación** en torno a los distintos tipos de negociadores que se pueden dar en el proceso negociador es muy complicado, ya que depende de muchos factores internos y externos al sujeto.

En este caso se puede establecer una clasificación atendiendo a tres factores: el carácter de la negociación, el objetivo central y la forma de negociar.

El carácter del negociador

Se puede distinguir entre:

1. Tolerante
Es aquella persona que utiliza esta cualidad para mediar en el proceso negociador, de forma que los conflictos se solucionen por la vía diplomática. Siempre intentará adoptar acuerdos favorables para las dos partes.

2. Competidor
Es aquel sujeto que actúa en la negociación con ciertos grados de poder. La figura de este negociador se caracteriza por tratarse de una persona que se impone en las diferentes situaciones que se presentan en el proceso, y además lo hace de una forma dominante y violenta.

3. Participante
Es aquel sujeto que colabora de forma activa en la negociación e intenta obtener los mejores resultados para ambas partes.

4. Esquivo
Es aquel individuo que no le gusta adoptar la figura de negociador, y que por lo tanto, se aleja lo máximo posible de la negociación. Es decir, rehúsa de ella.

5. Manipulador
En este caso, el sujeto para poder lograr sus objetivos en la negociación, no dudará en utilizar la coacción o la extorsión con aquellos miembros que considere manejables. Aunque resulta muy poco profesional, este tipo de negociador es recomendable.

6. Sumiso
La adaptabilidad del individuo al proceso de la negociación es lo que caracteriza a este negociador. En algunos casos puede resultar beneficioso para la negociación.

7. Permisivo
Este tipo de negociador siempre obtiene los resultados de la negociación a través de procedimientos negativos.

Dependerá de cada caso la postura de negociación que se adopte, pudiendo ser una misma persona diferentes tipos de negociadores ante casos diversos.

Según el objetivo central

Se puede clasificar en:

a. Negociador centrado en las relaciones interpersonales

Este tipo de negociador se caracteriza porque lo más importante para él dentro del proceso negociador es la relación que se puede llegar a establecer con los restantes miembros. Por lo tanto, para que estas relaciones sean efectivas, el sujeto actuará con **honestidad**, confiará en el buen hacer de la otra parte negociadora y será colaborador con los demás miembros de la negociación.

También se caracteriza por ser una persona **muy blanda**, lo que puede llegar a perjudicar la negociación si la otra parte se percata de su debilidad, ya que esto puede ser utilizado por esta parte en su propio beneficio.

b. Negociador centrado en la obtención de resultados

Para esta clase de negociador, la consecución de las metas planteadas es la principal finalidad. Por ello, las relaciones personales que puedan surgir entre los miembros no tienen la más mínima importancia. Si para que el sujeto consiga los objetivos deseados, este tiene que utilizar procedimientos y tácticas **agresivas**, no dudará en hacerlo.

Son personas bastante prepotentes, lo que hace que esta cualidad le dé **poder** frente a los demás. En ocasiones, adoptar este estilo negociador es recomendable, aunque no se establezcan relaciones a largo plazo con la otra parte negociadora.

Según la forma de negociar

a. Negociadores blandos

Son aquellos que establecen concesiones fácilmente a la otra parte, y cuyo objetivo primordial es conseguir un **acuerdo favorable** sin entablar ningún tipo de enfrentamiento (negociaciones pacíficas). En este afán por evitar los conflictos, puede suceder que tanto los intereses de las partes como sus necesidades básicas queden descubiertas, y esto a largo plazo puede generar conflictos.

El carácter débil que define a estos sujetos puede ser un **inconveniente** en la negociación, ya que la otra parte puede aprovecharse de ello.

b. Negociadores rigurosos

Son aquellos que adoptan medidas represivas para lograr concesiones de la parte contrincante (negociaciones agresivas). Con este tipo de negociadores, el proceso suele ser muy duro. Al adoptar las partes posturas tan extremas, la negociación puede sufrir un bloqueo, provocando un efecto **negativo** entre ellas.

Una vez definidas las posibles clases de negociadores que pueden existir, se aconseja **no adoptar un estilo fijo**, sino es coger aquel que más se ajuste a las circunstancias concretas de la negociación en cuestión.

B. Propuestas

Al iniciar la negociación se recomienda enmarcar la negociación como un **esfuerzo conjunto**, además de mostrar respeto y preocupación por los intereses y las inquietudes de la otra parte, y por llegar a un acuerdo favorable para ambos. En esta etapa en la que se inicia la negociación debemos **explicar** algunas de las necesidades, inquietudes e intereses; pero en el caso de que la otra parte se muestre reservada al hacer lo mismo, hay que ser cautelosos al proporcionar información adicional.

En esta etapa, no se debe pasar por alto la importancia que tienen las conversaciones informales, las cuales ayudarán a que la otra parte se sienta menos a la defensiva, más **comunicativa** y más **cooperativa** ; además de que ayuda a conocer mejor a la otra parte. Sin embargo, si la otra parte se muestra formal, no hay que hablar demasiado informalmente porque podría interpretarse como una falta de seriedad.

Algunas negociaciones son **complejas** y tienen vinculados muchos asuntos, otras tal vez solamente tengan algunos. Asimismo, la complejidad de los temas individuales a discutir puede variar en gran medida. Nadie puede predecir la dirección que tomarán las negociaciones a no ser que las dos partes hayan expuesto estos puntos.

Puede haber necesidades ocultas que ninguna de las partes haya expuesto, pero estas surgirán a medida que transcurran las negociaciones. Un **negociador hábil** estudiará de forma cuidadosa los temas antes de que empiecen las negociaciones para determinar las ventajas en lo que se refiere a deslindar o combinar todos los puntos a discutir.

Una vez que los negociadores han revisado los puntos a discutir, se deben empezar a tratar uno por uno, las opiniones varían respecto de si hay que empezar por un tema muy importante o por uno de menos importancia. Hay personas que piensan que se debe iniciar la negociación con un tema **sin importancia** de fácil solución, lo que establecerá un ambiente favorable para otros acuerdos.

Otros piensan que empezar por un tema importante es lo mejor ya que si no se resuelve de manera satisfactoria, los otros perderán importancia.

C. Problemas

Una vez definidos los temas que se van a discutir, es probable que haya **desacuerdo y conflicto**, pero es algo natural y se debe esperar. Los buenos negociadores no tratan de evitar esta fase porque son conscientes de que en este proceso de dar y recibir es en el que se hacen los buenos tratos. El desacuerdo y el conflicto, manejados de la manera adecuada, reunirán con el tiempo a los negociadores. Si se les maneja inadecuadamente, aumentarán las diferencias.

El conflicto denota puntos de vista diferentes y saca a relucir los **verdaderos deseos** y las **necesidades** de los negociadores. Al presentar los asuntos, la mayoría de los negociadores explicará lo que quiere. Al otro negociador le corresponde saber lo que él quiere, o con que se conformará.

Pocos negociadores van a obtener todo lo que quieren, incluso en una negociación con éxito. Los **buenos negociadores** van a esforzarse por obtener tanto como puedan, pero entenderán que tal vez sea necesario ceder y modificar algunas metas. Este enfrentamiento puede producir tensión.

Si se le entiende bien, esto debe llevar hacia posibles **áreas de acuerdo** o **áreas donde ceder**. Este paso del proceso de la negociación consiste en analizar a la otra parte, o a través de preguntas formales o informales, o mediante la interpretación de sus palabras, acciones y lenguaje no verbal.

Toda la información que haga comprender mejor a la otra parte, permitirá situarse en una mejor posición para negociar. Hay que tratar de **determinar y analizar** sus verdaderas motivaciones, necesidades e intereses, sus prioridades, su mejor alternativa a la negociación, su punto de reserva, su estilo de negociación, su perspectiva, sus fortalezas y debilidades, etc.

Puede ser difícil obtener esta información si implica a un negociador distributivo que tratará de ocultar sus verdaderos intereses. Un aspecto muy importante en esta etapa del análisis de la contraparte es tratar de **identificar las diferencias** (ya sea en necesidades, gustos, valores, preferencias, intereses, habilidades, recursos, etc.) que permitan crear valores a través del intercambio.

Negociación cooperativa o competitiva

Para llevar a cabo una negociación se debe conocer previamente el **tipo de negociación** en la que se va a participar. Si se conoce el tipo de negociación, se puede tener una preparación dirigida a obtener mejores beneficios económicos.

Negociación cooperativa

La negociación cooperativa es un tipo de negociación en la que los negociadores manifiestan sus deseos de llegar a un acuerdo beneficioso para ambos, además de una alta cooperación. La prioridad máxima es el **respeto por el beneficio mutuo**. Su principal meta es que todos ganen, de manera que se caracteriza por la búsqueda de objetivos compartidos. Esto implica que las partes involucradas inviertan sus habilidades y medios para obtener en conjunto beneficios que no alcanzarían solas.

Las **características principales** de la negociación cooperativa son las siguientes:

1. Normalmente, los participantes son amigos o conocidos.
2. El objetivo es lograr un acuerdo.
3. Es suave con las personas y el problema.
4. Hace concesiones para cultivar la relación. Cede ante la presión.
5. Cambia su posición fácilmente. Confía en los otros.
6. Hace ofertas.
7. Acepta perdidas unilaterales para llegar a un acuerdo.
8. Da a conocer su última posición.
9. Busca la única respuesta que ellos aceptarán.

10. Trata de evitar un enfrentamiento de voluntades.
11. Insiste en lograr un acuerdo.

Negociación competitiva

La negociación competitiva es la negociación en la que los negociadores demuestran una **débil cooperación** e incluso hay casos en los que no colaboran. Lo importante en este tipo de negociaciones es la victoria final y llegar al objetivo previsto sin importar el de la otra parte. En este tipo de negociaciones es cuando los poderes de ambas partes entran en juego, y se utiliza toda la información que se tenga de la otra parte.

Sus **características principales** son las siguientes:

-Los objetivos de cada parte están enfrentados.
-Las partes no pueden hacer nada para agregar valor a lo que se intercambia.
-Los recursos y valores que se intercambian son fijos y limitados.
-Los participantes son adversarios. Las relaciones no son importantes. El objetivo es la victoria.
-Es duro con los problemas y con las personas. Desconfía de los otros.
-Exige concesiones como condición para la relación. Mantiene su posición.
-Engaña con respecto a su última posición. Amenaza.
-Exige ventajas unilaterales como precio del acuerdo. Insiste en su posición.
-Trata de ganar un enfrentamiento de voluntades. Busca la única respuesta que usted aceptará.
-Aplica presión.

III. Liderazgo y Transformación

El **liderazgo** es un fenómeno que se produce en todos los grupos humanos. Existen múltiples definiciones de liderazgo. No obstante, un rasgo común a la mayoría de ellas es que hacen hincapié en que el liderazgo es un proceso de **influencia del líder** sobre los seguidores, que tiene como fin conseguir las metas de un grupo, organización o sociedad.

Liderazgo

Por tanto, los dos aspectos esenciales del liderazgo son la **influencia** que ejerce sobre otros. En este sentido se entiende que la influencia es el efecto que una parte ejerce sobre otra.

Otro de los aspectos esenciales del liderazgo es el **poder**. Este se refiere a la capacidad de influir bien sobre la conducta de otra persona o sobre sus actitudes y valores.

Enfoques en la teoría del liderazgo

El estudio del liderazgo es un área de gran interés para todo tipo de organizaciones públicas y privadas. Por ello se ha generado una gran variedad de **modelos teóricos** que en líneas siguientes se describen.

Enfoques centrados en el líder

En estos enfoques se trata de conocer las características que diferencian a líderes y seguidores y analizar las conductas de los líderes, especialmente aquellas que los hacen eficaces. Se centra la atención en la **figura del líder**, en cómo desarrolla su trabajo y cómo influye en el resto de personas que están a su cargo.

Se pueden destacar **dos modelos explicativos**: el enfoque del rasgo y el enfoque de los estilos de liderazgo. A continuación se desarrollan con mayor detenimiento.

Enfoque de los rasgos

A. Enfoque del rasgo

Este enfoque surge a comienzos del siglo XX. El modelo explicativo evidencia cómo los líderes tienen una serie de **rasgos y características** que los diferencian de los seguidores y que revelan su capacidad de dominio y de influencia sobre los demás.

Según esta teoría, los líderes deben poseer una serie de rasgos o características que los destacarán del resto de personas y les concederá la **posición de líder** de forma natural y obvia.

Esta teoría señala **tres aspectos importantes** a tener en cuenta:

1. Ciertos rasgos diferencian a los líderes de aquellos que no lo son: energía física, mayor inteligencia que sus seguidores, autoconfianza, motivación de logro y de poder, habilidades interpersonales, dominancia, locus de control interno, integridad y estabilidad.
2. Los efectos de los rasgos sobre la conducta y la efectividad del líder aumentan en gran medida cuando los rasgos son relevantes para la situación en la que el líder se desenvuelve.
3. Los rasgos tienen más influencia sobre las conductas de los líderes cuando las características de la situación aprueban la expresión de las disposiciones individuales. Cuando existen fuertes normas, recompensas o castigos asociados a determinadas conductas la situación la determinarán las conductas del líder, en lugar de los rasgos.

El enfoque de rasgo presenta una serie de **inconvenientes**:

1. Serían líderes todos aquellos que reunieran estas características.
2. Si se nace con las características mencionadas anteriormente y se mantienen de forma estable en el comportamiento, aquellos que no dispongan de ellas en la combinación precisa no podrán ser líderes ni mejorar su ejecución con un programa de formación.

B. Enfoque de los estilos de liderazgo

Este conjunto de teorías intenta determinar los principios de actuación de los líderes y las consecuencias que tienen sus conductas sobre los miembros del grupo.

-Teoría XY de Douglas McGregor

Douglas McGregor se inspiró en la teoría de la jerarquía de necesidades de **Abraham Maslow** para construir un enfoque sobre la motivación basado en dos supuestos contrarios sobre la naturaleza humana.

La **teoría X** presta especial atención a la **figura del jefe**. Las personas líderes indican al grupo lo que se espera de ellos, aportando formación y favoreciendo el cumplimiento de determinadas pautas de trabajo. En este sentido se piensa que los trabajadores sólo actúan por lo económico, dando por hecho en el grupo la falta de iniciativa y cooperación.

La **teoría Y** contempla el liderazgo como un ejercicio **participativo-consultivo**. Se parte de que existe un interés del grupo por la iniciativa, por cooperar.

-Estudios de la Universidad de Ohio

La conducta de los líderes debe, por un lado, orientar al personal y, por otro lado, que esta orientación vaya encaminada hacia el **trabajo diario**. Se produce una mayor satisfacción en aquellos trabajadores hacia los que se presta una mayor atención por parte del líder, así como en la manera de llevar a cabo el liderazgo.

-Estudios de la universidad de Michigan

Likert identificó tres tipos de conducta de liderazgo que se situaban entre dos **polos equidistantes**, efectivos (alto rendimiento) e inefectivos (bajo rendimiento):

1. Conducta orientada a la tarea.
2. Conducta orientada a las relaciones.
3. Liderazgo participativo.

Así evidenciaron que los directivos cuyos grupos tenían alta productividad mostraban **interés por sus empleados**, les permitían la participación en las decisiones y establecían un clima de confianza.

-La Rejilla Gerencial de Black y Mouton

Elaborada por Robert Blake y Jane Mouton. Establecen una rejilla del liderazgo basada en **cinco estilos** del ejercicio del mismo. En estos estilos se combina el interés de las personas y el interés de la producción:

1. El primer estilo (1-1)
Se caracteriza por un interés escaso por el grupo y por la producción de la empresa. Es, por tanto, una administración pobre, dirigida al esfuerzo mínimo para llevar a cabo el trabajo y preocupada por conservar al grupo.

2. El segundo estilo (1-9)
Caracterizado por un elevado interés sobre las personas y bajo interés en la producción. El hecho de que exista una alta preocupación por el grupo consigue que el ambiente sea óptimo.

3. El tercer estilo (9-1)
Es un estilo autoritario que se caracteriza por un alto interés en la producción y bajo sobre el grupo.

4. El cuarto estilo (5-5)
Busca el equilibrio en el liderazgo, tanto en el plano de relación con el grupo como en la producción.

5. El quinto estilo (9-9)
Se caracterizaría por una alta preocupación tanto por el grupo como por el trabajo.

Teniendo en cuenta estos estilos, se podrá adoptar uno u otro en función del **tipo de liderazgo** que se desee llevar a cabo.

Teorías situacionales o de contingencia

Se describen dos de las teóricas situaciones o de contingencia en relación al liderazgo.

A. Teoría de la contingencia en la efectividad del liderazgo

La efectividad del liderazgo depende de una combinación de factores situacionales junto con ciertas características personales del líder. Entre los factores situacionales se tiene en cuenta:

1. La relación, buena o mala, del líder con el grupo (atmósfera grupal).
2. El grado de estructuración de la tarea.
3. El poder del líder para otorgar recompensas.

Entre las **características personales del líder** se tienen en cuenta:

1. Su posible orientación a la tarea (si su principal propósito es la realización del trabajo).
2. Su posible orientación a las relaciones (cuando se da prioridad a llevarse bien con los subordinados).

Combinando los factores situacionales con la **orientación personal del líder** el modelo predice:

1. Los líderes orientados hacia la tarea conseguirán mejores resultados en situaciones extremas.
2. Los líderes centrados en la relación consiguen mayores resultados en situaciones en las que el nivel de control es mediano.

B. Teoría Ruta Meta de Evans y House

Ante una carencia de seguridad en sí mismo de los seguidores, el estilo de liderazgo debe estar **orientado a ofrecer un apoyo**, esto producirá un aumento de la seguridad a la hora de llevar a cabo las tareas, concluyendo en acentuación de la satisfacción personal.

Ante una falta de interés por el trabajo debe realizarse un estilo de liderazgo **orientado a logros** consiguiendo un ambiente satisfactorio por alcanzar metas aumentando la satisfacción laboral.

Ante objetivos ambiciosos pero alcanzables el estilo de liderazgo **debe ser participativo** y fomentar las sugerencias y la participación, generando mayor satisfacción.

Ante una situación de labores ambiguas el estilo de liderazgo debe ser **directivo y preciso** en el momento de las retribuciones, para generar mayor satisfacción laboral.

Por tanto, dependerá del tipo de situación para adoptar un estilo de liderazgo u otro.

C. Teoría de liderazgo situacional de Hersey y Blanchard

Se fundamenta en que las actitudes de liderazgo deben centrarse en las actitudes que se observan en el grupo, es decir, en la **mayor o menor disposición** de este.

Habría un comportamiento directivo, esto es, se actuaría en una sola dirección, ya que el líder indica normas o tareas al grupo. También habría un comportamiento de apoyo, en este caso bidireccional, en el que todos **escuchan** y todos se **involucran** en la toma de decisiones. El nivel de disposición muestra la capacidad que tiene el grupo de actuar ante metas reales de alcanzar, relacionado con la voluntad e interés del grupo.

Estilos de liderazgo

En la actualidad, el liderazgo es un tema de vital importancia donde las **fronteras** se han abierto al comercio global donde las organizaciones constantemente se encuentran en una lucha por ser cada vez más competitivas. Todo ello ha generado que las personas que las forman sean muy eficientes para el bienestar de la organización o la empresa. El líder, como cualquier persona, posee **defectos y virtudes**; así, es posible señalar distintos estilos de liderazgo que se han ido conformando con el tiempo y la experiencia.

ESTILOS DE LIDERAZGO

1. LIDERAZGO SUPERVISOR

- Dirigir a las personas.
- Explicar las decisiones.
- Preparar a las personas.
- Gestionar uno a uno las tareas de cada integrante.
- Reprimir el conflicto.
- Reaccionar ante el cambio.

2. LIDERAZGO PARTICIPATIVO

- Involucrar a las personas.
- Recoger inputs para tomar las decisiones.
- Desarrollar la actuación individual.
- Coordinar el esfuerzo del grupo.
- Resolver el conflicto.
- Implementar el cambio.

3. LIDERAZGO EN EQUIPO

- Generar confianza e inspirar el trabajo en equipo.
- Favorecer y apoyar las decisiones del equipo.
- Expandir las capacidades del equipo.
- Sacar el máximo provecho de las diferencias del equipo.
- Delegar tareas, no responsabilidades.
- Prever y alterar el cambio.

Otra clasificación de tipos de liderazgo distingue los siguientes estilos descritos a continuación.

A. Estilo coercitivo

Este estilo también es considerado como represivo, ya que da muchas **instrucciones directas** y espera una **obediencia inmediata**, controla estrechamente a través de la supervisión. Utiliza un feedback negativo, motiva indicando las consecuencias negativas de la desobediencia.

Eficacia del estilo coercitivo:

1. Es más eficaz cuando se aplica en tareas sencillas, en situaciones de crisis o en situación de mejora o despido.
2. Es menos eficaz cuando se aplica en tareas complejas. A largo plazo es menos eficaz porque limita el desarrollo de los colaboradores y con empleados que se automotivan, que pueden gestionar su propio trabajo o de los que se espera un alto nivel de iniciativa.

B. Estilo orientativo

El líder asume las responsabilidades de crear y desarrollar una **visión** y unas **pautas claras a seguir**. Solicita opinión a los colaboradores sobre la visión o la mejor manera de llegar sin necesidad de abandonar su autoridad.

Convence a sus colaboradores explicándoles qué hay detrás de esa visión. Concreta estándares y se encarga de la orientación del desarrollo en relación a esa visión a largo plazo, utilizando diferentes **tipos de feedback**, tanto positivo como negativo, para motivar al equipo.

Eficacia del estilo orientativo:

1. Es más eficaz cuando es necesario que haya instrucciones claramente establecidas, cuando el directivo es percibido como un experto en su materia y con colaboradores nuevos que necesitan una dirección activa.

2. Es menos eficaz cuando el directivo no potencia a sus colaboradores y se desmotivan, cuando el directivo no se percibe como una persona experta o con autoridad y cuando se utiliza en equipos autogestionados.

C. Estilo afiliativo

En este estilo el líder se marca como prioridad fundamental promover un **ambiente agradable** entre los componentes del grupo, pone más énfasis en reunir a sus colaboradores para conocer sus necesidades que en la dirección de tareas, objetivos y normas. Presta atención a las personas y a las cosas que les hacen sentirse bien como la seguridad en el trabajo, las ayudas familiares, etc. Además, da feedback positivo a diferencia del estilo coercitivo.

Eficacia del estilo afiliativo:

1. Es más eficaz cuando las tareas son rutinarias y el rendimiento ya es adecuado, cuando hay que ofrecer ayuda personal a un empleado y en casos en los que hay que unir a grupos conflictivos para que trabajen juntos.
2. Es menos eficaz en los casos donde el rendimiento de los miembros del equipo es bajo y hay que dar feedback negativo para que mejoren.

D. Estilo participativo

El líder invita a sus colaboradores a **participar** en el proceso de toma de decisiones que tienen que ver con su trabajo, buscando siempre un consenso. Mantiene reuniones frecuentes y recompensa el rendimiento; da **poco feedback negativo**.

Eficacia del estilo participativo:

1. Es más eficaz cuando los colaboradores son competentes, cuando hay que coordinar a los colaboradores.

2. Es menos eficaz en situaciones de crisis, cuando no hay tiempo para reuniones, cuando los colaboradores no son suficientemente competentes o no poseen información esencial o necesitan supervisión estrecha.

E. Estilo imitativo

En este estilo el líder dirige dando ejemplo, **marcando estándares altos** y esperando que los otros conozcan los **principios de la estrategia** a seguir.

Eficacia del estilo imitativo:

1. Es más eficaz cuando los empleados están altamente motivados, son competentes y no necesitan dirección. También para desarrollar a colaboradores que son parecidos a los directivos.
2. Es menos eficaz cuando el directivo no puede hacer todo su trabajo personalmente y cuando los empleados necesitan dirección, desarrollo y coordinación.

F. Estilo capacitador

El líder ayuda a sus colaboradores a identificar sus **puntos fuertes y débiles** y a establecer objetivos a largo plazo. Proporciona orientaciones y feedback para facilitar el desarrollo de sus colaboradores.

Eficacia del estilo capacitador:

1. Es más eficiente cuando los colaboradores son conscientes de la diferencia entre su nivel actual de rendimiento y el que les gustaría tener. Resulta inadecuado con los colaboradores motivados a tomar iniciativas y que buscan su desarrollo profesional.
2. Es menos eficaz cuando el directivo no es un experto, cuando los empleados necesitan mucha dirección y feedback. También es menos eficaz en las crisis.

G. Leaissez-Faire

Lippit y White plantean su propia clasificación en la que añaden el estilo de **Laiseez-faire** (dejar hacer). El líder bajo este estilo ofrece muy poca o ninguna dirección al grupo. Las opiniones son recibidas sólo cuando se piden y no parece que exista nadie a cargo.

Eficacia en el estilo Leaissez-Faire:

1. Es más eficaz cuando los colaboradores tienen un alto grado de habilidades y motivación, cuando existe el sentido de equipo y cuando la rutina es familiar a los participantes.
2. Es menos eficaz cuando los colaboradores tienen un bajo sentido de equipo e interdependencia, cuando tienen un bajo grado de habilidades o conocimientos entre los miembros y cuando el grupo espera que se le diga qué hacer.

El papel del líder

La formación de líderes es un proceso **continuo y progresivo**, que ocurre a lo largo de toda la vida. El objetivo de la formación de líder es obtener cambios positivos en las personas identificadas como posibles líderes.

Dichos cambios pueden estar dirigidos hacia toda la persona, es decir, hacia la actitud, el intelecto o la conducta. La **formación de líderes** debe ser para mejorar el desempeño en sus cargos actuales.

Factores que condicionan el comportamiento de un líder

Dichos factores son:

1. Factor persona. El líder debe conocer la naturaleza y experiencia de su grupo de trabajo y su nivel de desempeño. Tiene que utilizar esta información para tomar decisiones respecto al rol y trabajo de cada uno, y elegir el estilo de liderazgo más apropiado.

2. Factor tarea

La tarea se refiere al trabajo que hay que hacer y a los resultados esperados. El tiempo y el nivel de riesgo asociado con el fracaso condicionan este factor.

3. Factor entorno

El estilo de liderazgo puede verse influido por el entorno organizativo y el entorno del equipo.

El entorno organizativo es la base de los valores del equipo. Las situaciones personales de los miembros de un equipo requieren una gestión determinada por parte del líder.

Habilidades del líder

A continuación, se indican las habilidades que constituyen la personalidad del líder. Se distribuyen en **tres grupos**: habilidades personales, de relación y para la dirección de grupos.

Aunque un líder **no tiene por qué cumplir** con todas las habilidades indicadas, si es cierto que se requiere que un amplio abanico de ellas estén presentes.

Funciones administrativas del liderazgo

Este apartado se relaciona con las actividades que realiza el líder en el trabajo. Se diferencian **diez funciones administrativas** que los líderes realizan para alcanzar los objetivos en las organizaciones. Estas funciones representan las actividades conductuales predominantes que llevan a cabo los administradores o seguidores.

Además, es posible agrupar las funciones administrativas en tres categorías: actividades de naturaleza interpersonal, informativa y decisoria.

A. Funciones interpersonales

Las funciones interpersonales de liderazgo comprenden actividades de representación, liderazgo y enlace.

A1. Función de representación

Los líderes desempeñan esta función cuando actúan en actividades legales, ceremoniales o simbólicas en nombre de la organización o del departamento que dirigen. En cualquier nivel organizacional los líderes realizan **actividades** como:

1. Firmar documentos oficiales (autorización de gastos, cheques, vales, etc.).
2. Recibir a clientes y acompañar a visitantes oficiales.
3. Hablar con la gente de manera informal.
4. Presidir ciertas reuniones y ceremonias (ceremonias de premiación, comidas de despedida, etc.).

A2. Función de líder

La función del líder consiste en desempeñar las labores administrativas para que opere de forma eficaz la unidad que tiene a su cargo. Esta función domina todo el comportamiento administrativo, es decir, influye en el **desempeño del líder** en otras funciones.

Entre las principales actividades del administrador y los seguidores se pueden destacar:

1. Escuchar y entrenar.
2. Evaluar el desempeño.
3. Dar instrucciones y capacitar.

A3. Función de enlace

Lleva consigo interactuar con personas externas a la organización. El líder, en efecto, debe **fomentar las relaciones** y obtener información y aceptación. Algunas de las actividades de la función de enlace son:

1. Formar parte de comisiones junto con integrantes de otras unidades de la organización.

2. Convocar y reunirse con personas para mantenerse en comunicación.
3. Asistir a reuniones de asociaciones profesionales o comerciales.

B. Funciones informativas

Comprenden las acciones de supervisión, difusión y portavocía.

B1. Función de supervisión

Desempeñan esta función cuando recaba información. La analizan para **detectar problemas y oportunidades**, y para entender sucesos externos a la unidad organizacional. Parte de esta información se transmite a otras personas de la misma unidad (función de difusión) o gente externa (función de portavocía).

La información **se recaba mediante** acciones como:

1. La lectura de informes, publicaciones profesionales y comerciales, diarios, etc.
2. Hablar con los demás, asistir a juntas y reuniones dentro y fuera de la organización, etc.
3. Observar (por ejemplo, visitar tiendas de la competencia para comparar productos, precios y procesos de negocio.

B2. Función de difusión

Se trata de enviar información al resto del personal de su unidad en la organización. Los administradores tienen acceso a información restringida a sus subordinados. Ésta se transmite a los empleados:

1. De manera oral, mediante correo de voz, personalmente y reuniones de grupo.
2. Por escrito, mediante e-mails o servicio postal normal.

B3. Función de portavoz

Desempeñan tal función cuando rinden informes a personas externas a su unidad en la organización. Los administradores deben informar a su jefe (consejo de administración, dueño, director general) y a personas externas a la unidad (otros departamentos, clientes, proveedores, etc.). Ejemplos de actividades:

1. Reunirse con el jefe para estudiar el desempeño y con quien aprueba el presupuesto para negociar los recursos.
2. Responder cartas.
3. Informar al gobierno.

B4. Funciones decisorias

Estas funciones incluyen actividades de emprendedor, de manejo de problemas, de asignación de recursos y de negociador.

B5. Función de emprendedor

El líder desempeña tal función al innovar e iniciar mejoras. Los líderes frecuentemente reciben ideas de mejora mediante la función de supervisión.

Algunas acciones integradas en tal función son:

1. Crear nuevos productos y servicios, o bien mejorar los existentes.
2. Idear nuevas formas de procesar productos y servicios.
3. Adquirir equipo nuevo.

B6. Función de manejo de problemas

Consiste en realizar acciones correctivas durante situaciones de crisis o conflictos. Los líderes suelen dar prioridad a esta función sobre las demás.

Algunos ejemplos de emergencias que los líderes deben resolver son:

1. Huelgas sindicales.
2. Descomposturas de máquinas o equipo importantes.
3. Demora en la entrega de materiales necesarios tiempo para cumplir con los planes.

B7. Función de asignación de recursos

Lleva consigo programar, solicitar autorización y realizar actividades presupuestarias. Algunos ejemplos de asignación de recursos son:

1. Decidir lo que debe hacerse ahora, después o no hacerse (administración de tiempo; prioridades).
2. Determinar quién necesita tiempo extra o un aumento salarial por méritos (hacer presupuestos).
3. Programar la utilización de material o equipo por los empleados.

B8. Función de negociador

Desempeña la función de negociador cuando representa a su organización en transacciones rutinarias y extraordinarias sin límites fijos. Cuando no hay precios, pagos o condiciones fijos, los líderes intentan llegar a un buen acuerdo para conseguir los recursos que necesitan.

Algunos **ejemplos** son:

-Diseñar un paquete salarial y de prestaciones para un nuevo empleado o gerente.
-Negociar contratos con sindicatos.
-Negociar contratos con clientes (ventas) o proveedores (adquisiciones).

Competencias del líder

El liderazgo viene expresado mediante un estilo de toma de decisiones que asume, impulsa y desarrolla una **cultura diferente** en las instituciones. El liderazgo del equipo directivo pasa a ser el agente más determinante para desarrollar programas de mejora de las organizaciones educativas. Los **modelos de liderazgo** que resultan más característicos a la hora de fomentar procesos de innovación en los centros son: transformacional, de armonía emocional, de colaboración y de distribución.

Líder

Estos modelos tienden a estimar el liderazgo como la síntesis de múltiples realidades socio relacionales, que cuentan con las necesidades personales de quienes componen la organización, las propias necesidades de organización y su identidad emocional como eje, actuando como **motor del desarrollo** integral del resto de las personas de la institución.

Para caracterizar a los directivos hay **tres competencias fundamentales** las cuales siempre han de tenerse en cuenta, estas son: de gestión, humana y técnica.

El líder tiene el papel de **propiciar la coordinación y cohesión** de los equipos con los que interactúa, alcanzando una mejora de la cultura y fomentando el compromiso de los individuos implicados. Así mismo, la función de los líderes tiene en el fomento de la confianza mutua y en las buenas relaciones personales un pilar fundamental, el potencial emocional de la mano de un equilibrio apropiado entre el desempeño de las tareas a realizar y su base emocional deben ser estimulados por el líder.

Por la complejidad que plantea el desarrollo de **programas de innovación** en las entidades, se requiere por parte de los directivos de la puesta en funcionamiento del denominado liderazgo distribuido, así como de la implicación en el programa como responsable.

Para la mencionada distribución de funciones y tareas en el desarrollo de los programas se precisa de la existencia entre el directivo y demás personas una buena sintonía, cercanía y proyección en toda la comunidad formativa.

El **desarrollo** de los programas de mejora orientados a los proyectos es marcadamente dependiente de la capacidad de coordinación y del estilo de motivación que posee el líder para que se lleve a cabo el programa desde un planteamiento en el que todas las personas se identifiquen como miembros activos y creadores, generando así el sentimiento de comunidad. Esta labor es la base de la gestión del liderazgo, consiguiendo el compromiso de otras organizaciones, emprendedores y administraciones que serán incluidas como responsables de las prácticas innovadoras.

Al convertirse el directivo en un líder **emocional equilibrado** y **abierto éticamente**, incorporando al programa con sensibilidad y mejora de las visiones, acciones y concepciones que guíen las decisiones de diseño y desarrollo buscando la innovación y transformación de los equipos de trabajo.

La naturaleza humanista del liderazgo se inserta en la globalidad de las acciones formativas y se alza como la principal competencia del directivo, dado que al vivirse e identificarse con los valores más pertinentes del programa de integración, se pone en práctica su verdadera transformación.

La **competencia técnica** del liderazgo se ha de incorporar al saber y al hacer, incluyendo los valores y actitudes necesarios al programa en cuestión para alcanzar la mejora integral. La visión influye en el dominio del diseño y del desarrollo del programa en los proyectos, implicando a expertos que posean conocimientos acerca de los elementos más representativos a emplear, así como el significado y el impacto que se espera que tenga el proyecto de mejora.

Inteligencia emocional en el liderazgo

Se entiende el liderazgo como un proceso de influencia social, el cual **maximiza los esfuerzos** de los demás hacia la consecución de un objetivo, meta o fin.

Así mismo, la **inteligencia emocional** viene definida como la capacidad de identificar, evaluar y controlar las emociones de uno mismo y de los demás, así como la capacidad de poder motivarlos y cooperar. Del mismo modo, las competencias que poseen y caracterizan a los líderes son de carácter eminentemente emocional.

Por un lado, resulta evidente que en la medida en que la capacidad de **autocontrol**, autoevaluación, motivación, cooperación de una persona sea mayor, aumentará la probabilidad de que esa persona se convierta en un líder mejor, ya que la capacidad le permitirá tener una mayor influencia en los demás.

Igualmente, el hecho de **motivar** a los demás provocará que las metas resulten más alcanzables. Goleman (1995) afirmaba que los líderes mueven a las personas, encienden las pasiones e inspiran lo mejor de cada uno. Es por ello importante destacar el poder de sus ideas, su visión y sus eficientes estrategias, pero lo capital en el liderazgo son las emociones.

Independientemente de lo que plantee un líder, lo que denotará su éxito será cómo lo haga, la tarea principal del líder es **conducir las emociones** en la dirección correcta, el resultado de sus objetivos se verá perjudicado respecto al resultado de una buena conducción de emociones. Es cierto que el estado de ánimo de un líder resulta imprescindible, así como su capacidad de influir en los demás.

Sin embargo, las emociones son más **difíciles de transmitir**, se consideran demasiado personales e incuantificables. Muchas investigaciones en el ámbito de las emociones han mostrado grandes ideas no solo en lo referente a la medición del impacto de las emociones en un líder, sino sobre cómo los mejores han encontrado diferentes maneras para comprender y mejorar la manera en que manejan sus propias emociones y las de los demás.

En cualquier grupo humano, el líder es quien ostenta **mayor poder** a la hora de influir en las emociones de los demás, si las emociones del líder conducen hacia el entusiasmo y la energía, el rendimiento del grupo se verá incrementado; sin embargo, cuando las emociones conducen al negativismo, impiden absolutamente que sus seguidores destaquen y alcancen el éxito.

Definitivamente, que una organización triunfe o fracase depende en gran medida de la capacidad del líder de darle a la emoción la importancia real que tiene. Tras haber destacado la importancia de las emociones, el modo de **dirigir y gestionar** los sentimientos es dependiente en gran medida de la inteligencia emocional que el líder tenga. Cuando la persona se encuentra ante un líder emocionalmente inteligente, su pasión y energía influyen positivamente en el grupo.

La **inteligencia emocional** es algo que los líderes más eficaces poseen, pero esto no significa que para el desempeño de sus tareas su cociente intelectual y las habilidades técnicas no sean importantes, también los son. Sin embargo, una persona puede tener los conocimientos apropiados pero si no posee inteligencia emocional no podrá ejercer como líder. Se han realizado investigaciones en las que ha quedado demostrado que los líderes necesitan una inteligencia general básica y conocimientos sobre la tarea que están realizando.

Pero el cociente intelectual y las habilidades técnicas son habilidades mínimas necesarias, no bastan por sí solas para considerar a una persona como un buen líder. Lo que hace a una persona ser un magnífico líder es que **posea los componentes** de la inteligencia emocional: conciencia personal, administración del personal, motivación, empatía y habilidades sociales. Sin la inteligencia emocional se puede tener una gran capacidad, una gran facilidad de análisis, algunas ideas estupendas, pero no es suficiente para ser un buen líder.

Como se ha comprobado, la inteligencia emocional está **estrechamente ligada** al rendimiento laboral en todos los niveles, pero es especialmente importante en los puestos que se caracterizan por basarse en el trato social.

Algunos autores piensan que los buenos líderes tienen, en lugar de cuatro, cinco componentes de la inteligencia emocional:

1. Conciencia.
Está seguro de sí mismo, realiza evaluaciones realistas y puede reírse de sí mismo.

2. Administración del personal.
Transmite confianza, da muestras de ser una persona íntegra, afronta adecuadamente los contratiempos y está dispuesto a tener en cuenta distintos puntos de vista.

3. Motivación.
Gran impulso a la acción, es una persona optimista y con un gran compromiso con la organización. También es de vital importancia el desarrollo de la motivación, porque quien tiene madera de líder está motivado para lograr la consecución de los objetivos, sólo por el placer de alcanzarlos.

4. Empatía.
Capacidad para formar y mantener en la organización a las personas talentosas, tolerantes y de dar un buen servicio a clientes y compradores.

5. Habilidades sociales.
Capacidad de formar y dirigir equipos de trabajo y habilidades de persuasión.

Para un líder es importante, por ejemplo, desarrollar el autocontrol, porque la persona con capacidad de controlar sus **sentimientos e impulsos** van a ser capaces de generar un clima de confianza. De esta manera, podrán reducir sensiblemente la política y las luchas internas, al mismo tiempo que se aumentará la productividad.

Las pruebas recientes concluyen que la inteligencia emocional es un **factor fundamental** para la eficacia en el liderazgo. Para identificar a una persona con estas cualidades hay que tener en cuenta que cada situación va a necesitar un líder diferente, ya que el estilo personal de cada líder varía.

Si se quiere identificar a un posible líder en el momento de selección de personal, es decir, en una entrevista, lo mejor es estar familiarizado con las competencias de la inteligencia emocional. Se debe **entrevistar** a la persona en profundidad preguntándole si ha experimentado situaciones de éxito o fracaso durante su vida y ver cómo ha actuado en esas situaciones.

Cada aptitud emocional está relacionada con las demás, esto es aplicable, sobre todo, a la aptitud para el liderazgo. La tarea de un líder necesita de una amplia gama de **capacidades personales**. La aptitud emocional constituye, en el caso de los líderes más sobresalientes, el 80 % y 100 % de las aptitudes que las empresas consideran esenciales para lograr el éxito.

Se diferencian **tres clases de aptitud**. Las dos primeras se refieren a habilidades de inteligencia emocional, siendo la primera la aptitud de logro, la seguridad en uno mismo y el compromiso, mientras que la segunda consiste en aptitudes sociales como la influencia, la conciencia política y la empatía.

Formación de líderes eficaces

Una de las formas que tiene el líder de consolidar su **credibilidad** se basa en la habilidad para reconocer los sentimientos no expresados en beneficio del grupo, los interlocutores perciben que son comprendidos por su líder. El líder es también un **factor clave** para el clima emocional de la organización y su impulso puede hacer que un grupo se mueva hacia la misma dirección.

La capacidad que tiene el líder de convencer a los demás va a depender, en parte, de la forma en que se expresen las emociones dentro del grupo. En los grupos la gente centra su atención en el líder y esta atención es la que aumenta el **impacto** del estado de ánimo del líder, de forma que un mínimo cambio en el tono de voz o en la expresión facial del líder va a tener más impacto que una manifestación explosiva de alguien que ostenta un puesto inferior.

Así, las emociones perturbadoras del líder, que influyen directamente en la **energía** de los demás, pueden generar sensación de ansiedad o de enfado. El carisma de un líder va a depender de la existencia de tres factores:

1. La experiencia de las emociones.
2. La capacidad para expresar esas emociones de forma convincente.
3. Ser más un transmisor de emociones que un mero receptor.

Las personas que son **muy expresivas** se comunican con los demás por medio de la expresión facial, la voz, los gestos y, en definitiva, con todo su cuerpo. Es una capacidad que facilita la inspiración, la movilización y el convencimiento hacia un objetivo.

La diferencia entre un líder carismático y un líder considerado como **egoísta y manipulador** está en la habilidad de expresar emociones, de forma que se crea a ciencia cierta el mensaje que está transmitiendo. Porque, aunque los líderes manipuladores son capaces de mantener las apariencias de forma temporal, son mucho menos convincentes.

Para conseguir ser un **comunicador carismático** el líder debe expresarse con la mayor sinceridad posible. Los líderes más eficaces son los que se caracterizan por ser atentos, extrovertidos, expresivos, democráticos y dignos. Sin embargo, los líderes menos eficaces serán más intolerantes, lejanos, y menos cooperadores, al igual que sus seguidores.

Los líderes mediocres suelen pasar **inadvertidos**, mientras que los más notables se relacionan con más personas, teniendo un interés por sus vidas personales. También resaltan por su deseo de seguir informados y por conseguir un clima de sinceridad que mejore la comunicación.

Los directivos mediocres evitan la comunicación con los mandos superiores de la jerarquía, sobre todo en lo referente a la comunicación de malas noticias, por miedo a que sus superiores reciban estas noticias negativamente.

Obviamente, los mandos más sobresalientes centran su atención en el **objetivo a conseguir** y corrigen rápidamente los comentarios que pueden perjudicar al rendimiento.

Pero en lo referente a cuestiones banales son más flexibles, característica de la que carecen los mandos mediocres, los cuales mantienen una actitud poco tolerante ante los asuntos triviales. Los llamados "**mandos estrella**" saben que la unión y la consistencia se crean en base a los vínculos personales y no dudan en organizar actividades, tales como partidos de fútbol o entregas de premios, en los que ellos mismos participan; así favorecen un clima de distensión y familiaridad que provocará una sensación de identidad común, al mismo tiempo que mejorará el rendimiento.

Los mandos mediocres se preocupan más por el estado de su equipo técnico que por lo que les pueda pasar a las personas que estén bajo su mando. Un error típico en los líderes, desde los encargados hasta los altos ejecutivos, es la **incapacidad** de ser enérgico cuando la situación así lo requiere. Por ejemplo, cuando alguien está más preocupado por intentar caer bien a los demás que por hacer que cumpla con su trabajo.

Estas **faltas de competencia** aparecen en situaciones como no aceptar las riendas de una reunión y dejar que sea un caos en lugar de asumir la responsabilidad y dirigirla de forma adecuada. Otra diferencia del liderazgo radica en la incapacidad para manifestarse con claridad y firmeza, con lo que los empleados no son capaces de comprender los objetivos que tienen que alcanzar ni lo que se espera de ellos.

De esta manera, una de las características más distintivas del buen líder es la capacidad para decir "no" de un modo contundente y con la mayor claridad posible.

Otra característica que lo va a diferenciar de los líderes mediocres es la **forma de definir** las normas de desempeño. Tampoco se puede dejar pasar la existencia de un fracaso. Si se ha cometido un error se tiene que aprovechar esa situación para convertirla en un reto y no dejar que se perciba como un problema.

Por todo ello, se puede concluir que el liderazgo no se caracteriza por asumir un tono duro, sino en crear un buen clima emocional. La habilidad de ser **directo** y mantener el **control del poder** constituye una de las características del líder maduro.

La relación entre la **inteligencia emocional** y el **liderazgo** se basa en las capacidades y los conocimientos del líder, teniendo las emociones un papel muy importante en el comportamiento. Un buen líder debe tener carisma y/o ser transformacional. Un líder con carisma tiene convicciones emocionales fuertes por lo que los seguidores se sienten atraídos emocionalmente.

Los líderes transformacionales inspiran el cambio y **motiva a los trabajadores** a realizarlo, esto va a requerir de todos los elementos de la inteligencia emocional. Los dos tipos de líder muestran confianza en ellos mismos, afrontan bien los obstáculos y tienen determinación.

Un nivel alto de conciencia del yo, que esté combinado con la capacidad para manejar las propias emociones, va a hacer que el líder tenga esa confianza y que genere respeto en los seguidores. Esta capacidad de manejar o controlar de forma temporal las emociones va a facilitar la evaluación de las necesidades de los demás.

El **estado emocional** del líder influye directamente en el grupo de trabajo, en el departamento o en la organización. Si una persona está cerca de otra que tiene buen humor, sus emociones positivas se contagian. Este contagio de emociones pone de manifiesto que los líderes tienen la habilidad de no perder el control y de mantenerse motivados.

El **nivel de energía** de la organización es mayor cuando los líderes son optimistas. La capacidad de los líderes para construir relaciones basadas en la empatía con los demás y de manejar las relaciones interpersonales favorece la motivación y la inspiración de los trabajadores que le siguen.

La inteligencia emocional hace que los líderes **conozcan y respeten** a sus seguidores y que los trate teniendo en cuenta sus propias necesidades, capacidades e ilusiones.

Van a usar la inteligencia emocional para ayudar a los seguidores a crecer profesionalmente, para mejorar su autoestima, la imagen que tienen de ellos mismos, cubrir sus necesidades y lograr sus **objetivos personales**. Por otro lado, en muchas organizaciones el liderazgo se ha basado en el miedo.

Muchos ejecutivos de alto nivel creen que **implantar el miedo** entre los trabajadores es beneficioso para la organización y que es una fuente de motivación para el trabajador. Pero esto no es así. Actualmente, el éxito de una organización depende del conocimiento, el compromiso, la ilusión y la energía de todos los miembros de una organización.

Cuando aparece el miedo, los mejores trabajadores abandonan para marcharse a otra empresa. Aunque sí haya personas que se queden en la organización **no van a rendir** conforme a sus capacidades.

Liderar mediante el uso del miedo tiene la desventaja de favorecer la aparición de una conducta de evitación. Porque nadie quiere cometer un error, van a estar inhibidos en el crecimiento y el cambio. Mostrar **respeto y confianza** lleva a un mejor rendimiento y también hace que las personas se sientan ligadas emocionalmente a su trabajo.

Los líderes pueden usar el miedo para aumentar de forma notable la productividad, pero al hacer esto se está limando el ánimo de las personas, y a largo plazo aparecerán las consecuencias negativas tanto para los trabajadores como para la propia empresa, haciendo que el rendimiento no sea el esperado.

Se pueden dar muchos **tipos de miedo** en una empresa como, por ejemplo, el miedo al fracaso, al cambio, a las pérdidas personales y al jefe. Estos miedos disminuyen el esfuerzo del personal, hacen que se asuman más riesgos, generan la sensación de no sentirse bien en el puesto de trabajo, además el trabajador no se siente bien consigo mismo ni con la organización.

Se crea un clima caracterizado por la **impotencia** y la **frustración**, disminuyendo así la confianza, el compromiso y la motivación. Una consecuencia especialmente perjudicial del miedo es que "ataca" a la confianza y a la comunicación. Los trabajadores se sienten amenazados por las consecuencias que pueden surgir si hablan de temas laborales.

Cuando las personas tienen miedo de expresar libremente lo que piensan, se ocultan los problemas y se evita afrontar temas importantes. Los **temas tabúes** suelen ser el pobre rendimiento de un compañero de trabajo y las preocupaciones por la remuneración.

Pero el tema más incómodo de tratar, por parte de los trabajadores, es el comportamiento de los altos ejecutivos, sobre todo en lo referente a sus capacidades interpersonales y a sus habilidades para relacionarse.

Cuando hay un **miedo excesivo** se rompe la comunicación, hasta tal punto que desaparece la retroalimentación. En cuanto a la relación con los líderes, decir que estos controlan el nivel de miedo que hay en una empresa. Por ejemplo, es más fácil dar noticias malas a un tipo de personas que a otras.

Es más fácil **expresar algo negativo** a un jefe que sea comprensivo que a otro que se sabe que reacciona de forma colérica. La relación entre un jefe y un trabajador es un elemento que va a determinar el nivel de miedo que se experimenta ante el trabajo.

Si un líder actúa en base a su propio miedo va a favorecer la **aparición del miedo** en los demás, y va a premiar únicamente a aquellos que poseen cualidades como el pensamiento racional, la ambición y la competitividad. Estas habilidades son necesarias pero su uso excesivo o exagerado puede hacer que los líderes dejen a un lado sus habilidades creativas y que no sean capaces de establecer relaciones de tipo emocional con los demás.

Además, sentirán miedo al tener que tomar decisiones que conlleven algún tipo de **riesgo**. El miedo en un líder se manifiesta en conductas caracterizadas por la presuntuosidad, la decepción o la injusticia.

El concepto de **afecto**, en algunas empresas, es percibido como poco adecuado. Pero el uso del afecto tiene unos efectos que influyen directamente en las relaciones laborales y en el rendimiento en las organizaciones. El afecto, como generador de motivación, es la capacidad interna que permite que las personas se sientan con energía y más apegadas a la vida y al trabajo.

Las culturas occidentales conceden mucha importancia a la mente y a lo racional, pero lo que realmente hace que la gente se supere y mire hacia adelante es lo emocional más que lo racional. Los que sienten entrega por su trabajo, más que alienación, están más satisfechos y mejoran su rendimiento.

Los mejores líderes serán los que **aman lo que hacen**, porque contagian su ilusión a los demás. Las personas responderán más al afecto que al miedo porque desean recibir algo más que una retribución económica por su trabajo. Los líderes que usan el afecto o el amor para dirigir a un grupo tienen mayor influencia porque van a cubrir las necesidades emocionales de sus seguidores.

Se **recomienda** que un líder:

1. Escuche y comprenda.
2. Aunque no piense igual que el trabajador, no debe desahogarse con el empleado.
3. Reconozca los méritos de los demás, y lo que pueden llegar a ser.
4. Tenga en cuenta las buenas intenciones del empleado.
5. Sea compasivo al decir la verdad.

Cuando los líderes trabajan con estas **necesidades emocionales** la gente establece una buena relación con su propio trabajo, implicándose en él emocionalmente. El interés y la ilusión por el trabajo y la organización aumentan. Los trabajadores quieren pensar que sus líderes se interesan realmente por ellos.

Desde la posición de los seguidores el temor y el amor tienen una **fuerza de motivación diferente**. La motivación basada en el miedo hace que la persona vea el empleo como una fuente para cubrir las necesidades básicas. En el caso de la motivación basada en el amor la persona percibe el trabajo como una fuente de satisfacción.

Empowerment

Ha sido traducido al español como **empoderamiento**, responsabilidad o facultar. Consiste en desarrollar en los colaboradores de una empresa una buena aptitud de trabajo en equipo, además de una actitud de sinergia donde el empleado se encuentra preparado y capacitado para desarrollar sus actividades de forma productiva. El objetivo principal del proceso se basa en tres pasos:

1. Compartir la información con todos los miembros de la empresa.
2. Autonomía. Mediante la información compartida y la retroalimentación.
3. Reemplazar la jerarquía con equipos autodirigidos.

Empowerment significa compartir el poder con otros. En términos organizacionales, significa que los que se ubican en lo más alto de la jerarquía delegan más poder, especialmente en la toma de decisiones.

Para que el empowerment funcione no sólo se tiene que **dar más poder** a los administradores de los niveles inferiores, sino que también se deben presentar los recursos necesarios: delegar más autoridad formal para la toma de decisiones específicas, ofrecer más oportunidades de desarrollo de conocimientos, etc.

Hay que permitir que los subalternos sepan usar sus nuevas atribuciones. Es una práctica fundamental en el liderazgo y va a ayudar a que las organizaciones tengan un mejor rendimiento y a que afronten con éxito los cambios importantes. El **empowerment** tiene la ventaja de facilitar el compromiso con la organización, el aprendizaje y la innovación.

El empowerment es potencialmente eficaz, pero **no es la única solución** a todos los problemas del desempeño dentro de las organizaciones. La delegación de autoridad o empowerment son términos y procesos que están muy relacionados.

El empowerment se define como la adjudicación de poder o autoridad a los empleados para tomar decisiones claves o importantes dentro de su ámbito de responsabilidad. La idea en la que se basa este término es que son los trabajadores y los clientes los que deben tomar las decisiones.

Para entender el concepto se necesita hacer un **análisis del poder**, puesto que la percepción que tiene un sujeto de este concepto va a influir sobre su percepción de empowerment. Por otro lado, está el concepto de poder, relacionado con el liderazgo; y se define como la habilidad para usar la influencia sobre la gente, sobre situaciones o decisiones.

Los líderes pueden usar el poder para **hacer el bien o el mal**. Cuando los líderes usan el poder de forma incorrecta se les considera como déspotas y dictadores. El poder se reconoce como una fuente de motivación importante.

Diferentes estudios han demostrado que los directivos exitosos tienen una gran capacidad para influir sobre otras personas y una necesidad de poder mayor que la de agradar a los demás o superarse a sí mismos. Estos directivos no usan el poder de forma **injusta o incorrecta**, sino de manera beneficiosa para la organización.

También creen que para aumentar su poder necesitan compartirlo con los demás, mediante la delegación de autoridad y el empowerment.

La aplicación de un programa de empowerment tiene la ventaja de **mejorar el proceso productivo** cuando se trabaja en equipo, se fortalece el sentido de sinergia en todos los componentes de la empresa y se aumenta la calidad en la toma de decisiones de la misma. También favorece la gestión administrativa.

Por su parte, el agente gestor, no debe creer que todos los miembros de la empresa tienen la formación adecuada para interpretar la información correctamente. El **comportamiento organizacional** de un individuo y de un grupo se caracteriza por ser muy diferente de una organización a otra, y de un individuo a otro. Por lo que esta teoría no va a funcionar necesariamente en todas las organizaciones en las que se implante.

IV. Gestión del Talento y nuevos modelos de organización

La **gestión del talento** es otra de las grandes ambiciones de la empresa 2.0. Siempre se abordan temas de conocimiento, competencias, capacidades, etc., pero hay una serie de factores que han influido para que el talento se convierta en una prioridad estratégica.

En primer lugar, es importante considerar el coste **asociado al talento**. Comprar talento siempre sale caro, así que habrá que cuidarlo, desarrollarlo y mantenerlo en la empresa. Para ello se atenderá a las políticas y estrategias de compensación y beneficios además de alinear el talento con la estrategia empresarial. Es importante, por tanto, saber qué talento se requiere y cómo será medido.

Por otro lado, ya no basta con hacer las cosas, sino que se deben hacer lo **mejor posible**, siempre intentando alcanzar un estándar mejor que el del mercado, y el talento puede ser la clave de la diferenciación. La tecnología por sí sola no constituye una ventaja competitiva, pero sí lo es unido al talento. En este sentido, muchas empresas son incapaces de implantar sistemas eficaces de gestión del talento.

El talento se puede entender como la capacidad que las personas ponen en práctica para obtener resultados excepcionales, de manera estable en el tiempo, unido al compromiso por la consecución de estos.

Si el profesional tiene compromiso y actúa, pero no posee las capacidades necesarias, no bastará con las buenas intenciones para poder obtener los resultados deseados. El único inconveniente es que su **falta de motivación** le impedirá renovar o proponer cosas más allá de las impuestas por el jefe. Por eso, el talento individual se consigue cuando se dan tres elementos: capacidad, compromiso y acción.

Evaluación del talento

No se trata de un concepto abstracto, sino que se puede considerar como una variable más a definir y medir, aunque de forma subjetiva. El talento es útil si se define para una determinada **visión de negocio** y se adapta a una estructura organizativa determinada, por lo que el talento y las buenas prácticas no serán extrapolables, hay que definir las que se adecúen a la organización.

La gestión del talento

La gestión del talento determina la supervivencia de las organizaciones, e implica la captación, desarrollo, detección, mejora y transmisión del talento de todo tipo. Además, la **gestión del talento** va más allá de detectar el talento individual, si no que se trata de aprovechar las virtudes y potencialidades de los empleados de una organización y saber transmitirlo y contagiar al resto del colectivo.

Según algunos estudios, la **gestión efectiva** del talento aumenta los beneficios de una unidad de negocio entre un 7 % y un 11 %.

No solo se trata de contar con talento individual; hay que gestionarlo para conseguir que se aplique al **conjunto**. Algunos autores, consideran que el talento organizativo se puede conseguir de dos formas:

1. Seleccionando a profesionales con capacidades, potencial de acción y compromiso con la empresa.
2. Generando un entorno organizativo, es decir, reforzando su compromiso con la organización a través de las políticas de retención del talento.

Desde una **perspectiva administrativa**, la gestión del talento implica planeación, organización, dirección y control de las actividades del recurso humano, ya que las personas son el principal activo en la organización. Es decir, es un conjunto de procesos que permiten que el capital intelectual de una organización se incremente de forma significativa, mediante la **gestión de sus capacidades** de resolución de problemas de forma eficaz, con la finalidad de generar ventajas competitivas sostenibles en el tiempo.

Cualquier sistema de gestión del talento necesita algunos elementos clave y comunes:

1. Un sistema de información.
Sirve primero para la buena gestión del conocimiento y para la correcta gestión del talento, siendo capaces de identificar la disponibilidad o carencia de talento.

2. El paso de la gestión de recursos humanos a la gestión de personas.

Cada individuo tiene una personalidad propia y es completamente diferente al resto, con su cultura, sus habilidades y actitudes. Por eso, es necesario tratar y gestionar a los trabajadores no como un recurso de la empresa, sino como personas. Las estrategias deben personalizarse a las peculiaridades de cada empleado, a su situación, de forma que el trato sea siempre lo más personal posible.

3. Activadores inteligentes de los recursos organizadores.
Las personas son las que dotan de inteligencia a la organización, así como las que poseen el talento y, sobre todo, los que tienen capacidad de aprendizaje indispensable para la renovación. Son los encargados de dar vida al resto de recursos.

4. Socios de la organización.
Si los altos ejecutivos trataran a los empleados como socios, ellos sentirían un mayor compromiso hacia la empresa.

¿Quién lleva a cabo la gestión del talento?

El departamento de recursos humanos no es quien trata día a día directamente con los empleados, por lo que **no son los únicos responsables** de la gestión del talento. Su papel es vital pero aquellas organizaciones que se involucran por completo en la gestión del talento, son las que consiguen mejores resultados.

La gestión integral del talento es difícil de conseguir ya que implica un grado de coordinación muy alto que puede conllevar a la reorganización de las funciones y la estructura organizacional.

La gestión estratégica del talento tiene las siguientes fases:

Fase 1. Definir el talento en la organización: se compone de estrategia, competencias y planificación de la plantilla.

Fase 2. Identificar el talento, dentro y fuera de la empresa: conlleva identificación del potencial, gestión del desempeño y reclutamiento.

Fase 3. Desplegar y desarrollar el talento en toda la empresa: conlleva formación, desarrollo y movilidad internacional y rotación.
Fase 4. Reconocer y retener el talento: conlleva cultura, reconocimiento y recompensa, y gestión de carreras a medio/largo plazo.

La mayoría de las pequeñas y medianas empresas deben evitar importar directamente las buenas prácticas de las grandes empresas, y centrarse en la búsqueda de sus propias necesidades de talento y determinar sus posibilidades adecuándose a la empresa.

En general, el éxito de la gestión del talento depende de:

1. Decidir el mejor enfoque de gestión del talento para la organización, en función de la estrategia, la cultura organizativa y los cambios necesarios; si es más adecuado un enfoque inclusivo que considere acciones de desarrollo a todos los niveles o uno exclusivo que focalice los recursos en los colectivos "target".
2. Pensamiento global y actuación local. La estrategia y la política de talento se definen a nivel corporativo y son respaldadas por el comité de dirección. A partir de ahí, involucran a los directivos y al área de recursos humanos a nivel local: la dirección es consciente de que éstos son los profesionales locales que mejor conocen a los empleados, los clientes y otros interlocutores, las tendencias del mercado y las del mercado laboral, y saben mejor cómo adaptar el estilo de gestión para que sea eficaz.
3. Formación para los gestores del talento. De este modo, relacionan la gestión de personas de forma explícita con las prioridades del negocio, haciendo "la venta" de las ventajas del enfoque. Asimismo, recogen las aportaciones de los directivos y managers para enriquecer el sistema.
4. Oportunidades específicas para la comunicación y coordinación. Se puede organizar un comité de talento de la empresa (que incluya miembros de la dirección) y establecer un proceso interdepartamental de "revisión de talento" cuando se identifica y valora el grado de talento existente en distintas áreas. Este trabajo conjunto, aunque se difícil en el comienzo, refuerza las relaciones de colaboración.

5. Elaboración de indicadores precisos. Se necesitan unos indicadores que permitan medir los resultados y el rendimiento de la inversión en talento (cobertura del mapa de talento, número de candidatos internos para las vacantes, rotación no deseada por colectivos, número de sucesores para puestos críticos operativos a corto/medio plazo, ahorro de costes de reclutamiento, etc.). Estos indicadores, a su vez, sirven para llevar a cabo un seguimiento riguroso del proceso y evaluar el impacto, la efectividad, la eficiencia en el uso de los recursos, la agilidad de la respuesta y las sinergias logradas en la organización.

La detección del talento en la empresa

Para comenzar con este proceso interno de detección de talento, es preciso el planteamiento de algunas **preguntas** antes de comenzar. La empresa debería seguir un ciclo a la hora de contextualizar y adaptar el talento a la organización.

El primer paso es saber si dentro de mi empresa cuento con las **personas necesarias** y están en el lugar necesario. Acertar en la detección del talento en el mercado externo es complicado, aunque hacerlo dentro de la propia compañía parece casi imposible.

Existen **herramientas de evaluación** que proporcionan información valiosa para la toma de decisiones en la gestión de personas, estableciendo la compatibilidad con el perfil del puesto. Disponiendo de un sistema de competencias que cuente con una descripción de los distintos niveles necesarios, se puede valorar si la persona se encuentra por debajo o por encima del requerido, o plenamente se ajusta al mismo.

A partir de una evaluación, se puede elaborar un **plan de mejora** donde la persona pueda continuar avanzando en su desarrollo profesional según los requerimientos del puesto.

El desarrollo de personas y equipos talentosos no es solamente capacitar o entrenar al personal en materia de conocimientos, sino también mejorar las características de personalidad, que generan un desempeño exitoso en un puesto de trabajo.

Analizar y examinar si las características de los individuos cumplen con las particularidades necesarias para lograr los objetivos individuales y de la organización puede revelar diferentes necesidades. El proceso de evaluación sería el lugar lógico para identificar las fisuras entre los comportamientos reales y deseados del empleado.

El **feedback** y lograr un compromiso e interés de los trabajadores es fundamental, de esa manera son conscientes de sus fortalezas, de las áreas a mejorar y de los medios que la organización pone a su disposición para lograr los objetivos previstos. Asimismo, sabrán lo que hay que poner de su parte para que todo sea como se espera.

Reunión

Es importante tener presente que el **verdadero talento** en relación a un determinado cargo exige que la persona cuente además de con capacidades, con el deseo y la voluntad para la puesta en práctica de las mismas.

Atracción, desarrollo y retención del talento

Es preciso atender a los siguientes aspectos en relación a la gestión del talento.

Atracción del talento

La adecuación persona-puesto en determinadas estructuras es difícil de alcanzar en la actualidad por las propias características del mercado de trabajo. Algunos estudios revelan que el 75 % el porcentaje de los directivos de recursos humanos que afirman que la **cobertura exitosa** de vacantes, mediante los programas de atracción y retención de personas, constituyen su prioridad número uno, mientras que llegan al 62 % los que están preocupados por la escasez de talento en determinadas posiciones.

Sobre todo, es necesario afrontar la escasez de talento en determinadas materias como la **ciencia y la tecnología**. En Estados Unidos, la situación se considera crítica, teniendo en cuenta que el 25 % de los científicos e ingenieros estará en edad de jubilarse y la escasez de licenciados actuales y futuros en estas carreras (5 % en Estados Unidos frente al 42 % en China).

La clave para conseguir una buena cobertura de las necesidades está en **saber planificarlas bien**, contemplando las actuales y las futuras desde una perspectiva centrada en la organización.

Supone preguntarse por todo aquello que **"marca la diferencia"** y conduce a las personas a un desempeño superior, si se cuenta con las personas adecuadas en el lugar adecuado según esos criterios y es posible el riesgo de mover a aquellas que no consiguen los resultados esperados o cuyo perfil no se adecua a las necesidades del proyecto o de la empresa.

Existen unas que son genéricas y otras más concretas que varían en función del puesto. Por un lado, están las competencias técnicas; por otro, las comerciales; y, para finalizar, las competencias de gestión, que aúnan algunas de las anteriores.

Se define así un **Mapa de talento** de la organización, que será la guía para encontrar a las personas que se necesitan. En dicho Mapa se tendrán en cuenta dos pasos:

1. Establecimiento de criterios.
Se determinan los aspectos críticos de cada actividad/función para el éxito del negocio, la disponibilidad de talento en el mercado en esa área.

2. Análisis de la estrategia.
Se deben estudiar los cambios implícitos en el plan estratégico que se derivan de la política de atracción de talento, como por ejemplo la meta en el largo plazo (1 a 3 años), el número de nuevas incorporaciones previstas...

Completar este mapa de talento puede ser un **proceso complejo**, pero que se puede abordar con garantías si se sabe hacia dónde dirigir los esfuerzos.

Lo importante es que permita a la organización dar salida al resto de los procesos organizativos, desde un nuevo enfoque más adaptativo e integrado.

Entonces, conocidas las necesidades de talento, se podría hacer lo siguiente:

1. Invertir en políticas de atracción del talento.
2. Búsqueda de la originalidad: si se usan siempre las mismas fuentes de reclutamiento, se repetirá la forma de venderse, entonces solo se obtendrá como resultado el atraer a perfiles similares, personas con las que seguramente estén dentro de la organización. La originalidad seduce al talento innovador, por lo que es necesario reinventar la forma de promoción y anuncio de vacantes.
3. Maximizar el éxito: los puntos fuertes se tienen que destacar, de forma que surja el interés. El éxito atrae al éxito.
4. Reputación interna: los mejores (y los peores) embajadores de la organización son los profesionales que están o hayan estado trabajando en la empresa. En manos de la dirección está que su impresión sea favorable o, por el contrario, desanime a los empleados potenciales.

5. Programa de acogida: para los nuevos profesionales es la mejor fórmula para comenzar una carrera con talento sin suponer un gran gasto para la empresa.

A la hora de incorporar talento nuevo tampoco se puede olvidar el **impacto** que esta medida tiene sobre el resto de empleados. Es lo que algunos llaman el "paracaidista", un profesional que aterriza en la compañía sin previo aviso, que se vende como el salvador de la situación creada por el resto.

Esto puede golpear fuertemente la **motivación** del resto de trabajadores, que además no estarán predispuestos a la colaboración y a la creación de un clima laboral favorable. Por ello, es importante recurrir a la promoción interna antes que al mercado externo. Esto siempre aumenta la fidelidad y el compromiso del trabajador.

Desarrollo del talento

Gestionar el talento implica por tanto que la detección o la atracción no sea un fin en sí, sino que esto derive en el desarrollo, la rotación de puestos o el entrenamiento para la adopción de roles de mayor responsabilidad.

El área de Recursos humanos es directamente responsable de **potenciar el talento** de aquellos que tienen potencial. Algunas premisas necesarias que ayudan al desarrollo del talento humano son:

1. Motivación. El talento requiere pasión, esto es, aquello en que se trabaje provoque en la persona una pasión, un deseo, una motivación. Si se conoce qué les gusta realmente a los trabajadores, es posible seguir el lema empresarial de Richard Branson, creador de "Emporio Virgin", que es "¡Venga, vamos a divertirnos!"
2. Saber cómo. Para poder perfeccionar las habilidades se necesita tener conocimientos que permitan lograrlo. Disfrutar con una actividad permite perfeccionar los conocimientos sobre la misma.

3. Constancia. El talento se materializa en acciones. Se requiere esfuerzo y mucha repetición y constancia para crear nuevos hábitos. Larry Bird, uno de los mejores jugadores de la historia de la NBA, resumió esta idea cuando dijo "Es curioso, cuanto más entrenamos, más suerte tenemos".
4. Recursos. Es importante facilitar recursos en tiempo y en medios para poder formarlos. Presuponiendo que el resto de componentes ya existen, hay que proporcionar posibilidades para lograr resultados extraordinarios.

Retención del talento

Existen numerosas técnicas de retención del talento (personales y no personales). La **fidelización** del trabajador y su compromiso ya no se consiguen con salarios altos o recompensas monetarias, pues el factor económico no es el único factor de motivación, ni tanto el más importante.

Por eso, se debe emplear "una propuesta de valor del empleado" con la que el empleado **conecte**, de la que no se quiera desprender y que garantice la permanencia de los mejores trabajadores. Esto se consigue con una política de retención individualiza, que tenga en consideración los valores de los empleados de forma individual, ya sus necesidades particulares no son las mismas.

Esto no quiere decir que todas las políticas de retención sean personalizadas, sino que es posible establecer **políticas adaptadas a colectivos**, que tengan situaciones similares o presenten necesidades comunes.

En términos generales, los esfuerzos de cualquier política de retención deben centrarse en varios aspectos fundamentales:

1. Factores de desarrollo profesional: la formación que se proporcione debe conseguir el crecimiento profesional del empleado, lo que beneficia a ambos (empresa y empleado). No tiene debe estar dirigida a materias relacionadas con el puesto de trabajo, también se valoran cursos de idiomas, en mentoring, coaching, feedback 360º y formación en liderazgo. La capacitación relevante que refuerza nuevas habilidades es una de las medidas más efectivas para la retención del talento, especialmente en los dos primeros años.
2. Factor relacional: se refiere al ambiente de trabajo distendido y favorable, con relaciones laborales satisfactorias que garanticen el bienestar laboral. Según la consultora DDI, el primer aspecto más valorado por los empleados es la buena y efectiva comunicación entre trabajador y gerente, y no se refiere a que sea relacional y bidireccional, tiene que ser completa, de calidad, que haga sentir al empleado partícipe de su camino en la empresa y del propio camino al que se dirige la misma. También determina la decisión de permanencia o abandono la cooperación entre compañeros, la disposición de ayudar, la complicidad y el clima de confianza.
3. Factores de compensación psicológica: hay que tener marca y reputación de grandes empleadores, de líderes del sector, o simplemente tener una imagen de la que los trabajadores se enorgullezcan.
4. Factores de conciliación familiar y personal: en este punto se encuentran desde planes de pensiones hasta servicios adicionales para empleados, cualquier variable que aporte un grado extra de tranquilidad y seguridad en la vida personal.
5. Factores de retribución variable y fija: es habitual que en las grandes empresas se fidelice al empleado mediante la participación activa en los resultados de la empresa, tanto en forma de acciones o participaciones como en pago por objetivos.

6. Factores de valor añadido: otros de los puntos más valorados por los empleados son los retos y desafíos que se le presentan, la localización geográfica de la organización y el bajo nivel de burocracia interna.

V. Gestión de equipos de alto rendimiento

Actualmente no se puede formar un buen equipo sin tener en cuenta las **habilidades emocionales** de las personas encargadas de dirigir al grupo y su formación en estas competencias. Esto se va a reflejar en un mejor funcionamiento del grupo, además cada uno de los componentes se sentirá más comprendido por su líder y más identificado con la tarea.

Cada grupo trabaja con un **buen entendimiento emocional**, los resultados más que acumulativos tendrán un efecto multiplicador. Cuando las metas no están bien definidas, las personas que conforman el grupo no tienen claro cuáles son sus responsabilidades, no teniendo claro tampoco cuáles son los procedimientos que deben usar para la consecución de objetivos.

A la hora de formar un equipo de trabajo es importante **tener en cuenta** los siguientes factores:

1. Cómo tratar con personas difíciles.
2. Cómo manejar los conflictos que surgen en el equipo o las divisiones dentro del mismo equipo de trabajo.
3. Cómo guiar a las distintas personalidades en un mismo grupo.
4. Cómo guiar las ventajas de trabajar en grupo, las capacidades del grupo o los problemas de grupo.

Capacidades de equipo

Las personas que poseen la capacidad para **trabajar en equipo** aprovechan las cualidades de todo el grupo y fomentan el respeto, la iniciativa y la colaboración. Ayudan a que los miembros del equipo tengan interés por el trabajo y hacen que cada miembro quiera participar en cada proyecto.

Además consolidan la identidad grupal y el compromiso.

Las capacidades emocionales de los equipos, denominados como **equipos "estrella"**, son:

1. La empatía.
2. La cooperación.
3. Una comunicación abierta.
4. Explicación de las normas y las expectativas.
5. La comparación de los miembros con bajo rendimiento.
6. Motivación de logros.
7. Feedback de los resultados.
8. Autoconciencia, como equipo, de los puntos fuertes y débiles.
9. Estimular la iniciativa.
10. Actitud activa ante los problemas.
11. Confianza en el equipo.
12. Versatilidad para realizar diferentes tareas.
13. Vínculos con otros equipos.

Las **decisiones más acertadas** son aquellas que adoptan aquellos equipos de trabajo cuyos miembros destacan por poseer tres cualidades esenciales: una alta competencia cognitiva, la capacidad de asumir diferentes puntos de vista y una adecuada experiencia práctica.

Se debe **evitar** que el equipo entre en desacuerdo usando términos que, lejos de solucionar el problema, se presenten en forma de ataques personales, en la sustitución del debate por **intereses políticos** o las disputas que desencadenan la actitud negativa de un determinado miembro del grupo.

Los conflictos en equipo

Un directivo, por experto que sea en el trato con personas difíciles, **no puede evitar los conflictos** cuando, personas que no son profesionales, se relacionan entre ellas. Los conflictos del equipo son, en parte, responsabilidad del directivo, aunque no esté implicado directamente en el conflicto. Incluso se puede decir que un problema va a entorpecer el trabajo de todos y puede ser una fuente importante de pérdida de tiempo.

La solución está en reconocer que en los equipos de trabajo con un buen líder aparecen **menos problemas** que en aquellos que se caracterizan por estar mal dirigidos. De esta manera, cuanto mejor se haga el trabajo, más fácil será mantener la tranquilidad en el equipo.

Algunas **recomendaciones** para hacer que el equipo esté dispuesto a realizar el trabajo con una actitud positiva son:

1. Asegurarse de que todos los componentes del grupo realicen un trabajo que les sea agradable y que se ajuste a su formación.
2. Tener un trato cordial con los trabajadores.
3. Hacer saber a los trabajadores que se puede hablar con los jefes si se tiene un problema.
4. Comprobar que estén motivados.
5. Hacer que los miembros del equipo conozcan el objetivo de su puesto de trabajo, y del equipo en su conjunto.
6. Si un miembro del equipo sufre estrés, hacer lo posible para ayudarlo a relajarse.

Cuando un equipo está **sufriendo un conflicto**, se debe hacer es lo siguiente:

1. Mantener una conversación normal e informal, con las personas implicadas, sobre el conflicto.
2. Dejar claro desde el principio que el trabajo de un jefe es, entre otras cosas, ayudar al equipo a conseguir sus objetivos.
3. Preguntar a los miembros del equipo si están de acuerdo con el papel mediador que adopta el jefe y si se comprometen a aceptar la decisión del mismo en caso de que no se llegue a un acuerdo.

4. El jefe debe intervenir lo menos posible en la conversación. Sólo intervendrá para recordar las reglas que deben seguir.
5. Es muy importante evitar que una reunión termine sin que haya consenso entre los participantes.

Divisiones en un mismo equipo

En este apartado se hace referencia a aquellos casos en los que dos personas, con personalidades muy diferentes, chocan dentro de un mismo equipo de trabajo. Es en este momento cuando el equipo se divide.

Un equipo se puede dividir, fundamentalmente, por las siguientes razones: por desacuerdos en política interna o bien por una lucha de poder.

Cuando se trata de un **desacuerdo en temas de política interna**, es posible provocar un fuerte desacuerdo en relación a un objetivo colectivo, lo que implica un clima negativo dentro del equipo. Una solución que puede resultar efectiva es: detectar el problema lo antes posible y convocar una reunión para comentar el problema y recordar los objetivos al equipo. Después de tomar la decisión se indica el final de la reunión. Es inútil que los miembros del equipo sigan discutiendo.

Por su parte, también se puede discutir por una **lucha de poder**. Son más difíciles de manejar y, en ellas, las facciones se van a agrupar en torno a dos posiciones muy visibles. La solución se dará cuando los dos líderes avancen en direcciones contrarias, se debe lograr que vuelvan a funcionar como un equipo compacto, con metas comunes.

Personas difíciles

En casi todas las empresas hay personas de todo tipo: sociables, tímidas, solitarias, poco habladoras... Por eso, todos los directivos deben saber tratar a cada persona **según su personalidad** y según la situación en la que se encuentren. Es complicado cambiar su forma de ser, pero lo que sí es posible es mejorar aquellos aspectos que se deseen potenciar.

Lo primero que se debe tener en cuenta, antes de pretender tratar con personas difíciles, es aceptar la realidad, es decir, la realidad de que no se les puede cambiar, no van a cambiar su personalidad. Cuando esta realidad se haya aceptad, el **nivel de tolerancia aumentará** considerablemente. Con frecuencia se piensa que estas personas, con las que antes no se tenía una buena relación, no son como se esperaba. Pero se puede modificar algo en estas personas, se puede modificar su nivel de colaboración, y con esto su comportamiento.

La clave está en **no centrarse** en cambiar a la persona, porque la persona no va a cambiar su forma de ser. Hay que cambiar el punto de vista. A veces puede molestar que otras personas no cambien porque, en realidad, se tiene la creencia de que se puede cambiar. Aparecen entonces las frustraciones, la expectativa de conseguir una persona que de la talla. Lo mejor es animarlos a que cambien de comportamiento.

Realizar una petición concreta es muy efectivo, aunque se tiene que tener en cuenta que **no se debe realizar** más de dos o tres veces. Así, se reducen las expectativas y no se va esperar que aporte el 100 % en todas las tareas. Además, se consigue que la persona se sienta aceptada y la petición no le va a suponer una ofensa ni le va a crear sentimientos negativos.

Cómo guiar las personalidades conflictivas

Es posible que se den las siguientes situaciones:

1. Personas poco comunicativas

Estas personas hablan poco y no se dan cuenta de lo poco que esto ayuda. Son problemáticos porque no adquieren compromiso con la organización. La solución es bombardearlos con preguntas para que comiencen a hablar o formularles preguntas abiertas.

2. Personas que no escuchan

Son personas que resultan muy frustrantes. Además de no prestar atención suelen hacer mal su trabajo. La solución, en este caso, sería estar seguro de que la persona se ha enterado de la explicación pidiéndole, si fuera necesario, que repita lo que el directivo le acaba de decir.

3. Personas que sueñan despiertas

Su productividad desciende notablemente cuando empiezan a divagar; empiezan a cometer más errores, sobre todo por causa del aburrimiento. La solución puede ser encargarles tareas que tengan que realizar con otro empleado, para que pueda mantenerse atento. Esta clase de personas no sirven para realizar tareas rutinarias.

4. Personas solitarias

Son personas a las que no les gusta trabajar en equipo. Parecen distantes y suelen tener un efecto negativo sobre los demás. La solución puede ser pedirles información concreta, incluso por escrito.

Ventajas e inconvenientes del trabajo en equipo

El trabajo en equipo aumenta considerablemente la satisfacción personal, crea un **buen ambiente de trabajo**, consigue resultados más beneficiosos y los miembros del equipo aprenden a optimizar su trabajo.

Además de esto, los equipos de trabajo presentan **diferentes ventajas**, tales como:

1. Realizan trabajos que los grupos corrientes no pueden hacer.
2. Favorece que se dé el aprendizaje dentro del grupo.
3. Los recursos de los que se dispone van a ser mejor aprovechados.
4. Aumenta la creatividad y eficiencia a la hora de solucionar problemas.
5. Existe una mayor eficacia en la toma de decisiones.
6. Aumenta el rendimiento y, por tanto, la productividad.
7. Mejora notablemente la comunicación.

Las personas que forman parte del equipo de trabajo se encuentran en un **clima colaborativo y participativo**. Sienten el reconocimiento social y, en general, mejoran su calidad de vida dentro del entorno laboral.

Un equipo tiene la **ventaja** de contar con más información y además obtienen mejores resultados que las personas que trabajan de forma individual. Los buenos resultados de los equipos de trabajo dependen, en parte, del buen liderazgo con que cuenta el equipo.

Las **causas que generan conflicto** con más frecuencia son:

1. Liderazgo débil o inadecuado para el puesto de trabajo o tipo de trabajo a realizar.
2. Poca confianza por parte de los miembros del equipo a la hora de la alcanzar los objetivos. Bien porque el líder no sabe cómo transmitir la información o porque dentro del equipo hay personas que perturban al resto.
3. Objetivos poco realistas y casi imposibles de alcanzar.
4. Mínimo apoyo por parte de la dirección.
5. Individualismo.
6. Incumplimiento de las normas de funcionamiento. En algunos casos se debe a la falta de claridad de las normas o a que estas son imposibles de cumplir.
7. Pésimas relaciones personales.
8. Actitudes que no ayudan a la aparición de la creatividad: trabajo orientado a la gestión y tareas automáticas y rutinarias, relaciones poco asertivas, etc.
9. El no reconocimiento de la existencia de conflictos es otra de las causas de la aparición de problemas en el equipo de trabajo.

Los equipos, en efecto, satisfacen las **nuevas necesidades** de las organizaciones, aportando una mayor diversidad de conocimientos, habilidades y experiencias que posibilitan dar respuestas rápidas, flexibles e innovadoras a los problemas y retos planteados en el momento actual.

Según Katzenbach (1996), los equipos **son más eficaces** que los individuos actuando en solitario, especialmente cuando el rendimiento requiere habilidades, juicios y experiencias múltiples. Aunque la mayor parte de la gente reconoce las capacidades de los equipos, con frecuencia se pasan por alto oportunidades adicionales que el equipo ofrecen a los que forman parte de él.

El trabajo en equipo exige comprensión y compromiso con las metas del grupo por parte de todos los miembros del equipo. Pero los equipos también plantean muchos desafíos a las organizaciones, en la medida en que exigen de una **comunicación efectiva** para solucionar conflictos de personalidades y egos. Además:

1. Para establecer objetivos, direcciones y enfoques unificadores.
2. Para establecer sistemas de recompensas e incentivos apropiados.
3. Para clarificar la estructura del equipo.
4. Para contar con un estilo de liderazgo efectivo que organice el trabajo en equipo.
5. Para asegurar decisiones oportunas.

No saber manejar con eficacia estos aspectos, a menudo, da como resultado equipos disfuncionales que aportan más desventajas que beneficios a la organización.

Eficacia de los equipos de trabajo

El desarrollo de los equipos de trabajo efectivos no es, ni mucho menos, cuestión de azar, sino de tiempo y esfuerzo. Se han enumerado una serie de características que son comunes a los equipos efectivos, indicados a continuación.

A. Claridad de los objetivos

Es el punto de referencia hacia el que todos los miembros deben aunar y dirigir sus esfuerzos. El objetivo común es aquel que permite que cada uno de los integrantes conozca en qué medida está contribuyendo con su actuación al resultado global.

B. Claridad de funciones

Cada uno de los miembros del equipo debe ser capaz de explicar:

1. Cómo contribuye su trabajo y el de los restantes miembros del equipo al objetivo común.
2. Lo que puede esperar de los demás miembros del equipo.
3. Lo que los demás miembros del equipo esperan de él.

C. Competencia técnica

Los miembros del equipo deben tener confianza en los restantes miembros, en que estos contribuirán con su esfuerzo y sus competencias al logro de los objetivos. Es fundamental que los miembros del equipo dispongan de las competencias necesarias para acometer con éxito las actividades y responsabilidades que conlleva su trabajo y que permitirán alcanzar los objetivos. Es necesario, por tanto, que los componentes del equipo dediquen tiempo y esfuerzo al aprendizaje continuo y al desarrollo personal.

D. Comunicación

La comunicación es **directa, abierta y fluida**, dando especial importancia a la escucha y a la **retroalimentación**. Para ello es necesario que el equipo desarrolle normas de respeto que hagan que los individuos se sientan libres para expresar sus opiniones y sentimientos, eliminando de esta forma el temor a la crítica o a no ser escuchados.

Este tipo de comunicación abierta y libre favorece la **participación activa** de todos los miembros, así como su aceptación y cohesión.

E. Sistema de solución de problemas y de conflictos

Los miembros de los equipos deben desarrollar procedimientos para **solucionar problemas** y **afrontar los conflictos** que pueden dificultar la consecución de los resultados. Estos procedimientos se basan en:

1. La utilización de todo el potencial y creatividad individual.
2. La flexibilidad de los miembros para reconocer y aceptar el cambio como algo normal y necesario, adaptándose a los cambios en funciones y roles según las exigencias de los objetivos y de la situación concreta.
3. La confianza en las competencias y motivación del equipo para alcanzar las metas previstas.

F. Sistema de recompensas positivo

Existe preocupación por obtener buenos resultados, tanto cuantitativos como cualitativos, evitando la utilización de sistemas de incentivación coercitivos o negativos.

G. Sentido de pertenencia

Los miembros de los equipos muestran orgullo y satisfacción por pertenecer al grupo, y manifiestan una alta motivación para acometer las actividades que permitirán afrontar con optimismo las nuevas metas.

Efectividad de los equipos. Fases

La eficacia de un equipo depende, en gran medida, del grado de identificación de sus miembros con los objetivos de este para ajustarse a su dinámica propia.

Fase 1: Iniciación

En esta fase la madurez profesional es baja, los miembros del grupo no suelen tener claros los objetivos del equipo ni cuál va a ser su contribución a los mismos. La **madurez grupal** suele ser también **baja**, ya que los componentes del equipo, aunque muestran interés, ilusión y expectativas positivas con respecto al futuro del grupo, no han desarrollado sistemas de interacción efectivos y no existen sentimientos de pertenencia.

Durante esta fase habrá una **gran dependencia** hacia el líder y los miembros mostrarán un cierto grado de ansiedad, al no estar claras sus funciones, roles y las futuras relaciones interpersonales.

La duración de esta fase está mediatizada por el grado de conocimiento previo entre los integrantes del equipo, por lo tanto a mayor conocimiento menor duración.

Fase 2. Orientación

En esta fase pueden surgir sentimientos de **frustración**, **competitividad** y/o **confusión** con respecto a los objetivos y funciones del grupo, lo que provoca que surjan los primeros conflictos entre los integrantes o entre estos y el coordinador. En ocasiones también pueden aparecer sentimientos de incompetencia en aquellos miembros que consideran que no poseen los conocimientos y habilidades necesarios para acometer las funciones encomendadas.

La **resolución** de esta fase dependerá, en gran medida, de la **redefinición de metas** y **funciones**, de modo que estas se perciban como más asequibles, y así se vayan eliminando sentimientos de incompetencia, y facilitando que el grupo pueda alcanzar las primeras metas, así como el establecimiento de normas que regulen los comportamientos de los miembros.

Fase 3: Clarificación

En esta fase la madurez del equipo continúa aumentando, en la medida en que seguirá incrementando su madurez profesional. La redefinición (cuando sea necesario) o clarificación de objetivos y funciones, por un lado; y el desarrollo de normas y procedimientos que faciliten a los miembros trabajar juntos, por otro, produce un aumento de la **madurez grupa** l.

A partir de aquí es cuando se desarrollan los sentimientos de confianza y respeto hacia los demás miembros y sus aportaciones, por lo que aumenta el grado de cohesión del grupo y el sentido de pertenencia al mismo, haciéndose la comunicación más directa y fluida.

Fase 4: Integración

Los miembros del equipo poseen las competencias necesarias para poder trabajar eficazmente y de forma autónoma; saben qué tienen que hacer y cómo hacerlo, esto es, tienen claros los objetivos y cómo conseguirlos.

La **distribución y redistribución** de las funciones y roles se realiza en función del conocimiento y necesidades de los miembros y de los requerimientos de la situación.

En esta fase la madurez grupal es muy alta, se han desarrollado **sentimientos positivos** sobre los restantes miembros y sobre los logros del equipo, se reconoce, apoya y estimula la participación activa de los individuos y sus aportaciones al grupo; se utiliza una comunicación directa y fluida.

Fase 5: Finalización

En esta fase se aproxima la **disolución del equipo**. Suele producirse una disminución de las aportaciones, de la creatividad, aunque también lleva aparejado un aumento de la actividad de los miembros, con el objeto de cumplir las fechas previstas.

La **prioridad del coordinador** en esta fase consistirá en que el equipo sirva de semillero para el futuro, superando las reacciones de duelo ante la separación.

Composición y tipos de equipos de alto rendimiento

La base para lograr formar un equipo de trabajo es desarrollar lo que se denomina el **aprendizaje colaborativo**. Este tipo de aprendizaje surge a partir de las propuestas de trabajo del equipo, es decir, de la realización de determinadas tareas o de la consecución de determinados objetivos. En este momento hay que recordar la diferencia existente entre lo que es grupo y equipo.

Los equipos efectivos estarán compuestos de una mezcla correcta de destrezas, conocimientos y habilidades complementarias que les permitirá desempeñar su trabajo. Al reconocer la **naturaleza heterogénea** de la fuerza de trabajo actual, los investigadores de organizaciones se han enfocado cada vez más en estudiar la dinámica de equipos con características multiculturales, multifuncionales y multinacionales. Por lo general la investigación apoya la idea de que los equipos heterogéneos logran mejores resultados que los homogéneos.

De este modo la **diversidad** en competencias, destrezas y perspectivas de los miembros del equipo incrementa la creatividad porque cada uno aporta diversos puntos de vista sobre los problemas que puedan surgir. Otro beneficio de la diversidad es la menor probabilidad de incurrir en el pensamiento grupal, porque hay más oportunidades para expresar diferentes puntos de vista en comparación con los grupos homogéneos.

El **pensamiento grupal** es la tendencia de los miembros de equipos muy cohesionados a acordar una decisión, no sobre la base de sus méritos reales, sino porque no desean estar en desacuerdo con sus compañeros de equipo y arriesgarse a ser rechazados. Aun así, no todos los equipos diversificados consiguen un resultado positivo.

Otro aspecto importante de la composición del equipo es el tamaño. Los equipos pequeños, que suelen ser de menos de 12 personas, por lo general son más efectivos que los equipos grandes, compuestos por más de 12 personas. En los **equipos pequeños** los conflictos y diferencias son más manejables, y el equipo puede rehacerse en torno a su misión.

El tamaño afecta a la habilidad de los miembros del equipo a **relacionarse** de cerca con otros miembros. En equipos más grandes es mucho más difícil que los miembros interactúen y compartan ideas. Los equipos compuestos por más de 12 personas han tenido éxito en algunos casos, pero también es cierto que tienden a disgregarse en fracciones, en lugar de funcionar como una unidad.

Por lo general, los grupos que se perciben a sí mismos como **demasiado pequeños** o **demasiado grandes** en relación con la tarea que deben desempeñar, han demostrado ser menos efectivos. En un estudio realizado en Hewlett-Packard para identificar los factores claves del éxito de los equipos transfuncionales, los investigadores de HP encontraron que, en cuanto a cuál es el tamaño apropiado para el equipo, los equipos más exitosos fueron los que tenían menos de 25 miembros.

Se pueden diferenciar **varios tipos de grupos**, descritos a continuación.

A. Equipo funcional

Es un grupo de empleados que pertenecen a la misma área funcional:

1. Mercado, investigación y desarrollo.
2. Producción, recursos humanos o sistemas de información.
3. Todos ellos con un objetivo común.

Inicialmente estaba compuesto por el gerente respectivo y un pequeño grupo de empleados que ocupaban puestos de la línea frontal de la organización.

Los equipos funcionales tienen una **consecuencia negativa**, y es que los integrantes suelen concentrarse en su área de especialización y restar importancia o eludir la misión global de la empresa. Esto puede llevar a una falta de cooperación entre grupos funcionales, lo que resulta en una mala calidad de las decisiones y del desempeño global de la organización.

B. Equipo transfuncional

Está compuesto por miembros de **diferentes especialidades** funcionales dentro de una organización, que se reúne para realizar unas tareas determinadas con el fin de crear productos y servicios nuevos y fuera de lo común. Puede incluir también representantes de organizaciones externas, como proveedores, clientes y socios en negocios conjuntos.

La premisa en la que se basa el concepto de equipo transfuncional es que **es esencial** la interacción, cooperación, coordinación, participación de la información y la fertilización cruzada de ideas entre gente de diferentes áreas funcionales (producción, mercado, etc.). En las organizaciones se pueden formar equipos transfuncionales separados para diferentes actividades, proyectos o grupos de clientes.

Pueden ser adiciones **temporales o permanentes** a la estructura formal de la organización. Estos equipos transfuncionales virtuales son equipos en los que los miembros están separados por el tiempo y el espacio.

C. Equipos autoadministrados

Son equipos relativamente autónomos cuyos miembros **comparten o rotan** las responsabilidades de liderazgo. Todos ellos se hacen mutuamente responsables de las metas a alcanzar asignadas por la dirección de la organización. Estos equipos suelen tener una composición transfuncional y una amplia discrecionalidad para tomar decisiones en el área administrativa, en el diseño y programación del trabajo y en la definición y ejecución de acciones para resolver los problemas.

Dentro del equipo los miembros establecen **metas** en relación a las tareas vinculadas para sus áreas específicas de responsabilidad que apoyan el logro de las metas globales del equipo. Para alcanzar los objetivos del equipo a los equipos autoadministrados se les concede mucha más autoridad y responsabilidad que a otros modelos de equipo. Es un método de organización del trabajo que convierte la estructura jerárquica de la división de labores en una estructura horizontal.

Reuniones del equipo de trabajo

Todas las reuniones de trabajo deben planificarse adecuadamente. El responsable del equipo debe **dirigirlas con precisión** y evaluar sus resultados. En una reunión de trabajo en equipo se habla y se escucha.

Cualquier tipo de trabajo, además de cumplir la condición de ser necesario, debe satisfacer una serie de requisitos de organización:

1. Las fechas de las reuniones deben fijarse de modo preciso y los componentes del equipo han de combinar sus desplazamientos, de modo que estén siempre presentes salvo en casos excepcionales.

2. Deberá haber un responsable del equipo o líder, que orientará la reunión y aunará los esfuerzos de todos para alcanzar los objetivos trazados.
3. El responsable hará de moderador en las reuniones.

Habrá en el equipo un secretario, que deberá llevar un **libro de actas** en el que se registrarán una a una todas las reuniones, estableciendo un informe donde se señale:

1. Fecha.
2. Asistentes.
3. Asuntos tratados y por quién fueron expuestos.
4. Acuerdos tomados y logística (quién transmite, quién realiza la acción).
5. Deberes con el nombre del responsable y la fecha.
6. Temas pendientes.
7. Fecha de la próxima reunión, si procede.

El **equipo ordinario** se reunirá en las fechas señaladas periódicamente para ello. Habrá reuniones extraordinarias cuando lo considere oportuno el responsable, el gerente o por sugerencia de cualquier miembro del equipo.

En la mayoría de las empresas actuales existen **funciones y procesos**. Así pueden existir funciones tales como compras, producción, comercial, administración, etc. Cada proceso debe tener un responsable que liderará el equipo de trabajo correspondiente. El equipo de trabajo de cada proceso puede estar constituido por personas pertenecientes a distintos departamentos o funciones. El líder del equipo puede tener en el equipo de trabajo a su responsable en la función.

Causas por las que pueden fracasar equipos de trabajo

Algunas de las causas por las que se puede producir el **fracaso** de un equipo de trabajo son las siguientes:

1. Falta de apoyo gerencial.
2. Personal con actividades negativas.

3. Falta de publicidad o exceso de la misma.
4. Demasiadas expectativas de provecho financiero.
5. Varios equipos abordan el mismo problema.
6. Progresos limitados.
7. Falta de reconocimiento al esfuerzo realizado.
8. Atender problemas fuera de su área.

Debe propiciarse la **difusión e implementación** de los equipos de trabajo en las organizaciones, para lo cual deberá establecerse la estructura orgánica que mejor se adecúe a cada una. Se deberá capacitar a todos los integrantes de los equipos en las técnicas de tormenta de ideas, procesos para identificar, analizar y solucionar problemas, herramientas estadísticas, etc. Los equipos **deberán reunirse** con la intención de solucionar problemas, anticiparse a futuros problemas o para optimizar los actuales procesos de trabajo.

III. ESTRATEGIA Y NEGOCIO

I. Business Intelligence

Business Intelligence o BI se define como la habilidad o facilidad para convertir los **datos en información** y la **información en conocimiento**, de forma que se pueda optimizar los procesos de toma de decisiones en los negocios.

Business Intelligence, asociándolo directamente con las tecnologías de la información, puede definirse como el conjunto de metodologías, aplicaciones y tecnologías que permiten la recogida, filtrado y conversión o transformación de datos de los sistemas transaccionales e información desestructurada, de forma que se obtiene como resultado información estructurada, que puede ser utilizada directa o para su análisis y conversión en conocimiento.

La **Inteligencia de Negocios** (Business Intelligence o B.I.) no es un concepto nuevo, en 1958 **Hans Peter Luhn** (investigador de IBM), lo definió en su artículo "A Business Intelligence System" como *"la habilidad de aprender las relaciones de hechos presentados de forma que guíen las acciones hacia una meta deseada"*. Él hablaba del desarrollo de un sistema automático que difundiera información a diversas secciones de una organización.

Este sistema planteaba la utilización de **máquinas de procesamiento de datos** para el auto-resumen y la auto-codificación de documentos a través de un patrón de palabra.

No obstante, no fue sino hasta 1989 que se popularizó el término gracias a que **Howard Dresden** (analista de Gartner) quien propone una definición más formal:

"B.I. es un proceso interactivo para explorar y analizar información estructurada sobre un área (normalmente almacenada en un datawarehouse), para descubrir tendencias o patrones, a partir de los cuales derivar ideas y extraer conclusiones. El proceso de Business Intelligence incluye la comunicación de los descubrimientos y efectuar los cambios. Las áreas incluyen clientes, proveedores, productos, servicios y competidores".

El B.I. surge de alguna manera como **contraparte** de los sistemas transaccionales (OLTP - On-Line Transaction Processing), que se encargaban de registrar la mayor cantidad de información sobre la operación de las organizaciones. Los sistemas de Business Intelligence pretendían tomar toda esa información y consolidarla, permitiendo obtener tendencias y patrones de comportamiento de alguna variable de forma rápida.

En un inicio tenía una arquitectura relativamente simple, tanto tecnológicamente como por los datos de los que se alimentaba. Con el paso de los años con la evolución de las tecnologías y del conocimiento sobre la gestión de negocios, el concepto de **Inteligencia de Negocio** ha ido en evolución y ha permitido comprender que el valor de este no es solamente la distribución de información, sino que su uso está fuertemente relacionado con la consecución de objetivos en el negocio.

Se han ido **agregando características**, tanto tecnológicas como de negocio, al concepto inicial del B.I., integrando no solo la información sobre las transacciones de la empresa, sino información de clientes, proveedores y competidores.

En la actualidad, el conseguir datos e información para las empresas resulta **más sencillo** que antes, sin embargo, también es este exceso de información lo que complica la labor de los directivos de las empresas que requerirían cantidades de tiempo enormes para poder analizar toda la información que les rodea y con ella poder tomar decisiones.

Los **sistemas de Inteligencia de Negocio** permiten no solo extraer datos que se convertirán en información y conocimiento útil para tomar decisiones que favorezcan a los resultados empresariales; ha pasado de ser visto como una herramienta para hacer informes, a ser parte activa de la cultura de la empresa como una poderosa aplicación para la toma de decisiones y el cumplimiento de la estrategia de la organización.

En resumen, el **B.I.** intenta convertir los datos en información y la información en conocimiento útil para la toma de decisiones.

El dato es un conjunto discreto de **factores objetivos** sobre un hecho real. La toma de decisiones se basa en datos, pero estos no dirán nunca lo que hacer. Los datos no dicen nada de lo que es importante o no.

La información tiene significado, relevancia y propósito. Los datos se convierten en información cuando su creador les añade significado.

Transformamos datos en información añadiéndoles valor en varios sentidos y con distintos métodos:

1. Contextualización: se conoce con qué propósito se crean los datos.
2. Categorización: se conocen las unidades de análisis de los componentes principales de los datos.
3. Cálculo: es posible aplicar métodos matemáticos o estadísticos.
4. Corrección: los errores se han eliminado de los datos.
5. Condensación: los datos se resumen de forma más concisa.

El **conocimiento** es el conjunto de experiencias, valores, información y "saber hacer" que sirve como marco para la incorporación de información, y es útil para la acción. Se origina y aplica en la mente de los conocedores. El conocimiento se deriva de la información, del mismo modo como la información se deriva de los datos.

Esta transformación se produce en base a:

1. Comparación con otros elementos.
2. Predicción de las consecuencias.
3. Búsqueda de conexiones.
4. Intercambio con otros portadores de conocimiento.

Para implementar un **sistema de Inteligencia** de negocio es necesario que los datos sean tratados con una secuencia tal que permita como fin del proceso ser usados por la persona que tomará decisiones.

Por todo lo anterior, es necesario **tener claro** que B.I. es mucho más que un sistema informático:

1. No son sólo datos.
2. No es sólo reportes.
3. No es sólo el tablero de control.
4. No es sólo datawarehouse.
5. No es sólo tecnología.
6. No es sólo la herramienta de análisis (OLAP, MOLAP, ROLAP).
7. No es sólo para empresas grandes o medianas.

Sin embargo, como cualquier sistema, el B.I. tiene sus **limitaciones** ya que depende mucho de una correcta implementación y operatividad de quienes lo usen:

1. No resuelve problemas de comunicación ni liderazgo.
2. Contiene datos que generan información, pero no toman decisiones, aunque sí le facilitan la labor a quien lo utilice.
3. No corrige datos mal capturados.
4. Depende de la alimentación sana, nutritiva y periódica de datos (precisos, válidos, coherentes, actualizados, etc.).

Conlleva la unión de dos ámbitos relacionados:

Ámbito interno - Business intelligence, se encarga de obtener la información interna de la empresa y organización.

Ámbito externo - Inteligencia competitiva, se encarga de recuperar datos e informaciones del exterior de la empresa.

Inteligencia competitiva

A medida que el concepto de Vigilancia Tecnológica progresa, se va integrando dentro de la denominada **Inteligencia Competitiva**, definida como el proceso que transforma datos desagregados de los competidores hacia los conocimientos aplicables a nivel estratégico, relacionados con las capacidades, intenciones, desempeño y posición de los competidores, que se pasa a los responsables de la toma de decisiones en el momento oportuno.

La Inteligencia Competitiva pretende dar un paso más determinando qué información sobre el entorno es la de **mayor valor**, qué medios se deben usar, a quién recurrir, cómo transmitirla, y sobre todo, cómo generar oportunamente un resultado incorporable a la toma de decisiones de la organización.

Las diferencias entre los conceptos de Vigilancia Tecnológica e Inteligencia Competitiva son pequeñas. Para algunos autores, la Vigilancia suele ser pasiva, puesto que solo se encarga de **observar la información** que se recibe, sin que ello implique una búsqueda activa de la información que se precisa, tal y como hace la Inteligencia Competitiva. Suele decirse que la Inteligencia Competitiva presenta información de forma más elaborada, que no se limita al campo técnico sino que incluye los aspectos económicos, comerciales, legislativos, etc.

No obstante, la razón principal del creciente predominio de la denominación **Inteligencia Competitiva** se encuentra en su creciente uso en los países anglosajones (en Estados Unidos tiene su sede la SCIP, Society for Competitive Intelligence Professionals que agrupa a los profesionales de esta actividad).

En un futuro inmediato se perfilan unidades de **Inteligencia-Conocimiento**, núcleos pensantes, auténticos core business process, que se convertirán en elementos clave para la articulación de las estrategias empresariales.

Por lo que se ha comentado hasta ahora, se dice que la palabra "Inteligencia" debe sustituir a la "Vigilancia" debido a que:

1. Se le atribuye un carácter activo.
2. La información es más elaborada y mejor preparada para la toma de decisiones.
3. Integra los resultados de la Vigilancia en diferentes ámbitos.

La **vigilancia** tiene como objetivo la detección mientras la inteligencia competitiva tiene por finalidad el posicionamiento estratégico de la empresa en su entorno. La Inteligencia Competitiva también se diferencia con la Gestión del Conocimiento por las siguientes razones:

1. La gestión del conocimiento se hace dentro de la empresa, mientras que la Inteligencia Competitiva es en el exterior.
2. La gestión del conocimiento mira al pasado, mientras que la Inteligencia Competitiva se hace con carácter anticipativo, orientada al futuro.
3. La gestión del conocimiento busca que los conocimientos se compartan, mientras que la Inteligencia Competitiva busca detectar oportunidades y amenazas.

Se pueden distinguir las siguientes funciones de la Inteligencia Competitiva:

1. Anticipar las acciones de los competidores: identificando las fortalezas y debilidades de la competencia.

2. Analizar tendencias de la industria: la gerencia puede identificar coincidencias entre nuevas tecnologías y procedimientos operativos, es posible ir bastante por delante de la competencia.
3. Aprendizaje e innovación: la Inteligencia Competitiva ofrece muchas oportunidades de aprendizaje. Obliga a los directivos a mantenerse atentos al entorno, y por medio del análisis y las revisiones de la competencia, ser capaces de adaptar el producto o servicio, innovar y desarrollar nuevas y mejores ofertas.
4. Mejora de la comunicación: con la implantación de la Inteligencia Competitiva se puede lograr mayor cohesión entre los diferentes niveles de la organización.

El ciclo de la Inteligencia competitiva es muy similar al de la Vigilancia Tecnológica.

Entre algunas de las técnicas de análisis que se pueden usar para extraer información útil para la Inteligencia Competitiva están:

1. Matriz DAFO/CAME/Portfolio. La fuente más clásica son las matrices estratégicas fundamentales en las que se revisan los factores internos y externos que afectan de forma positiva y negativa a la empresa.

2. Conductas históricas. Observando conductas históricas se pueden descubrir tendencias que se tienen en el mercado y en el comportamiento de los consumidores.

3. War gaming/Simulaciones. Simulando una situación de estrés con varios miembros de la organización se puede obtener información útil.

4. Trackers/RSS/Feeds. Son herramientas que tienen sistemas de notificaciones que ayudan a estar permanentemente informado sobre todos los cambios que se producen en activos digitales del competidor.

La información que se obtiene de este tipo de herramientas permite trabajar de forma rápida y eficaz desde la inteligencia competitiva dentro del marco de Business Intelligence.

Utilidad y finalidades de Business Intelligence

La inteligencia de negocios puede asociarse al libro "El Arte de la Guerra" de Sun Tzu quien indica que es necesario conocer tanto las debilidades como las fortalezas de una persona así como de los competidores en el mercado para garantizarse el éxito.

Implementar un sistema de Business Intelligence es útil ya que ayuda a la **toma de decisiones** de negocio valiosas, precisas y rápidas. Los objetivos de este sistema son:

1. Describir y entender qué está pasando y por qué.
2. Simular qué ocurriría si...
3. Ampliar la visión estratégica, disminuir el riesgo y la incertidumbre en la toma de decisiones empresariales y construir ventajas competitivas de largo plazo en base a la información inteligente.
4. Tener una mejora continua de la organización ocasionada por la información oportuna que genera el conocimiento que enriquece la toma de decisiones.
5. Ser proactivos y ágiles en la gestión de la información que utilizan.

Business Intelligence ha tenido una gran aceptación en el mundo empresarial, ya que ha permitido resolver problemas relacionados con:

1. **Ventas**: identificación de clientes potenciales e importantes, pronósticos y proyecciones, análisis de ventas, mercados, etc.
2. **Manufactura**: análisis de calidad, análisis de desperdicios, partes críticas, inventario, productividad, etc.
3. **Logística**: pérdida de pedidos, seguimiento de portes, embarques, etc.
4. **Finanzas**: cuestiones financieras, análisis de costes y gastos, rotación de cartera, etc.
5. **Marketing**: seguimiento de nuevos productos, estrategias de marketing, segmentación del público objetivo, análisis de clientes, etc.

Ha permitido unir a las personas y la tecnología para crear un perfil potente de la empresa frente al resto de competidores del mismo sector mercantil.

La adquisición de un sistema de B.I. debe proporcionar las siguientes ventajas:

Una plataforma de tecnología integrada que se añade a las inversiones realizadas por una organización, para proporcionar información de alta calidad a cada ordenador o servidor de cada departamento, añadiendo valor en cada paso del proceso y proporcionando una versión única de la realidad.

Acceso amplio a las capacidades de análisis ya conocidas que ayudan a conocer el presente y predecir el futuro con fiabilidad.

Interfaces de usuario personalizadas que "se adapten a cada tarea", diseñadas para todos los niveles de experiencia y patrones de uso de los usuarios de la información (como expertos, ejecutivos, gerentes, informáticos, etc.).

Soluciones para satisfacer la demanda de información y aplicar la generación de informes de múltiples sectores de actividad (servicios financieros, producción, TIC, ventas, etc.) y de toda la empresa (gestión del rendimiento empresarial).

Las empresas que incorporan la Inteligencia de negocio pueden incrementar ingresos, reducir costes, competir efectivamente, gestionar la complejidad, descubrir patrones de consumo y tendencias difíciles de detectar, entre muchas más ventajas.

Los beneficios de Business Intelligence

Gracias a la gran flexibilidad de Business Intelligence en implementaciones internas y por medio de extranet, son muchos los beneficios para la empresa. Estos beneficios pueden agruparse en tres categorías principales: reducción de costes, incremento de ingresos, y mejoramiento de la satisfacción de los clientes. No obstante, la lista de beneficios sigue creciendo constantemente al encontrar nuevas formas de implementar B.I.

Reducción de costes

1. Conlleva mejorar la eficiencia operativa: al permitir que los clientes internos y externos tengan acceso en tiempo real a todos los datos del sistema a través de la web, los clientes tienen la posibilidad de rastrear sus propias cuentas y contestar y dar respuesta a sus propias preguntas. Esto da como resultado un mejoramiento en la satisfacción de los clientes y una reducción de costes de soporte. Un beneficio adicional importante al acceso a los datos en tiempo real es que la información es mucho más limpia. Al revisar ellos mismos la información, los clientes pueden identificar errores y ayudar a mejorar la calidad de la información en el datawarehouse.
2. Eliminar retrasos en la generación de informes: la inteligencia de negocio permite a los usuarios empresariales diseñar sus propios formatos y reportes, lo que permitirá a las organizaciones reasignar a los programadores que antes estaban asignados a estar tareas.

3. Mejorar la negociación en contratos con clientes y proveedores: ya que se tiene disponible todas las cifras y los hechos que permite mejorar contratos con proveedores, así como identificar patrones de consumo de los clientes.

4. Identificar problemas y solucionarlos: al tener la información relevante, se analiza de forma constante el funcionamiento de las áreas o divisiones y sus resultados operativos y estratégicos. Con B.I. se puede identificar las causas de los problemas el mecanismo de las mejores prácticas.

5. Identificar mermas de productos y reducir costes de inventario: se pueden aplicar cálculos de costes basados en actividades para identificar costes escondidos u oportunidades desaprovechadas.

6. Aprovechar la inversión en ERP o Datawarehouse: el B.I. hace uso de la información que se obtiene en el DW una vez que se han extraído, transformado y cargado los datos de sistemas como el ERP. Estos dos sistemas representan la mayor parte de la inversión en un sistema B.I. No obstante, para los usuarios con pocos conocimientos técnicos resulta difícil aprovechar la información disponible si no cuentan con una buena herramienta de generación y análisis de información.

Incremento en los ingresos

1. Conlleva la posibilidad de vender información a clientes, socios y proveedores: en el pasado, muchos departamentos dentro de la empresa no generaban ningún ingreso, pero ahora con el aprovechamiento de la información que se obtiene, se puede aprovechar para comercializarla.

2. Mejorar estrategias de marketing utilizando herramientas de análisis: el departamento de marketing puede conocer el éxito de sus campañas, los ingresos acumulados generados por estas, los productos más populares y más vendidos y con esto diseñar a la medida lanzamiento de productos y campañas para audiencias específicas.

Mejorar la satisfacción de los clientes

Conlleva proporcionar herramientas para tomar decisiones: los usuarios tienen acceso a la información que les facilitará tomar decisiones más asertivas y de forma más rápida sin tener que consultar problemas básicos con gerentes o directores.

En general, implementar un sistema de B.I. en la empresa permitirá en todos los niveles mejorar procesos productivos y tomar decisiones estratégicas que encaminan al éxito. Sin embargo, no se debe perder de vista que para que este funcione, se debe aplicar de forma adecuada.

Power Business Intelligence

Cada vez es más importante saber qué está pasando en el mercado y el **tiempo de que se dispone** para acceder a esa información es cada vez menor; por tanto, es necesario obtener la información más rápidamente para que sea analizada y se puedan tomar decisiones a partir de ella.

La implementación de **sistemas transaccionales** es complicada por la complejidad y la casuística de los mismos. El verdadero valor de la información se da cuando a partir de ella somos capaces de descubrir conocimiento. Este sería el verdadero objetivo de la Business Intelligence.

La traducción más habitual es la de "Inteligencia de Negocio". El objetivo básico de Business Intelligence es evaluar de forma sostenible y continuada a las organizaciones para **aumentar su competitividad**, facilitando la información necesaria para la toma de decisiones.

El primero que utilizó el término fue Howard Dresner, en 2003, en su publicación "A Brief History of Decision Support Systems, version 4.0", que popularizó Business Intelligence o BI como un término que permite describir un conjunto de **conceptos y métodos** que aportan mejoras sobre el proceso de toma de decisiones, a partir del empleo de la información sobre qué había sucedido (hechos).

Mediante el uso de **tecnologías y metodologías** de Business Intelligence, es posible la conversión de los datos en información y, con ella, ser capaces de descubrir conocimiento.

En esta definición se pueden observar distintos componentes de forma detallada:

1. Proceso interactivo: al hablar de BI se supone que se trata de un análisis de información continuado en el tiempo, no sólo en un momento puntual.
2. Explorar: en todo proyecto de BI se observa un momento inicial que permite el acceso a información de fácil interpretación. En esta primera fase, lo que se hace es "explorar" para comprender qué sucede en el negocio; es posible incluso que se descubran nuevas relaciones que hasta el momento no eran conocidas.
3. Analizar: Se pretende descubrir relaciones entre variables y tendencias, es decir, cuál puede ser la evolución de la variable, o patrones.

4. Información estructurada y datawarehouse: la información que se utiliza en BI está almacenada en tablas relacionadas entre ellas. Dichas tablas tienen registros y cada uno de los registros tiene distintos valores para cada uno de los atributos. Estas tablas están almacenadas en lo que se denomina datawarehouse o almacén de datos.
5. Área de análisis: todo proyecto de BI debe tener un objeto de análisis concreto. Es posible centrar la atención en los clientes, los productos, los resultados de una localización, etc., que se pretenden analizar con detalle y con un objetivo concreto.
6. Comunicar los resultados y efectuar los cambios: un objetivo fundamental del BI es que sea comunicado a aquellas personas que tengan que realizar los cambios pertinentes en la organización para mejorar la competitividad.

El origen de Business Intelligence también tiene como objetivo proveer acceso directo a la información que será de utilidad para los usuarios de negocio en cuanto al proceso de toma de decisiones se refiere, sin intervención de los departamentos de Sistemas de Información.

Power BI son las características de Business Intelligence que se ofrecen desde Excel que ya se conoce, aumentando considerablemente la funcionalidad de Excel a una amplia gama de funcionalidades específicas de los datos.

Excel se ofrece de manera independiente y no forma parte de Power BI para **Office 365**. Algunas de estas características de BI en Excel estuvieron disponibles antes y otras son nuevas, pero todas ellas están ahora integradas en Excel.

Microsoft Office

Las herramientas del cliente que componen el Power BI en Excel son las siguientes:

1. Power Query.
2. Power Pivot.
3. Power View.
4. Power Map.

Al iniciar por primera vez **Excel 2016**, se sorprenderá de lo que verá, ya que los colores han cambiado con respecto al anterior Excel. Para que la realización del curso nos sea más cómoda visualmente, se van a realizar los cambios del color de la interfaz.

Para cambiar el color, es necesario acudir a las Opciones de Excel, desde el **Menú Archivo**, hasta general. En tema de Office se selecciona el Blanco, se hace clic en aceptar y se vuelve a reiniciar Excel 2016. Al Aceptar se puede observar cómo se ha cambiado el color:

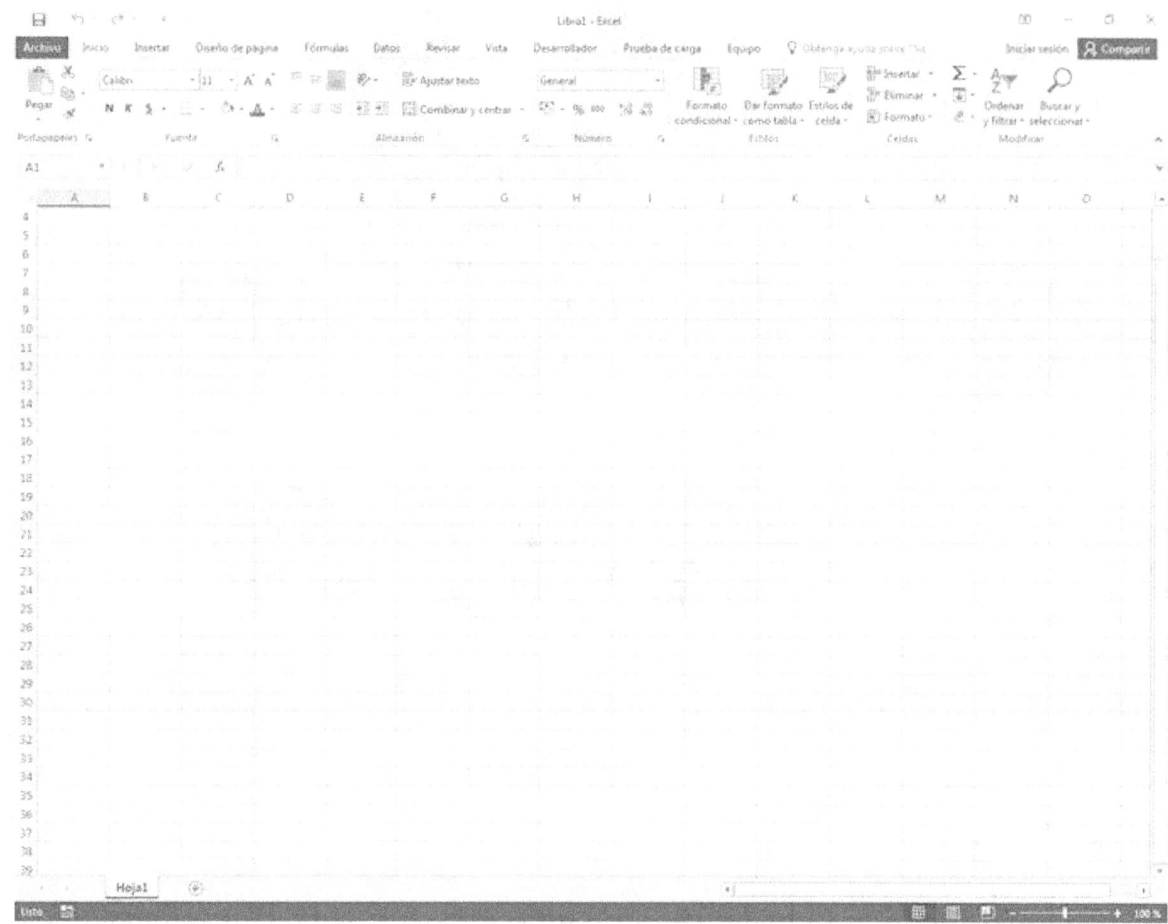

Libro de Excel

Power Query

Es una herramienta de Excel que se utiliza para la búsqueda, la **remodelación** y la **combinación** de datos procedentes de diferentes fuentes. Power Query es uno de los complementos de Excel desarrollados como parte de la solución de autoservicio de Business Intelligence en Excel.

Se trata de una **herramienta ETL** integrada en Excel, esta herramienta se utiliza para buscar o descubrir datos de una amplia variedad de fuentes. Power Quero tiene una interfaz de usuario bastante intuitiva e interactiva.

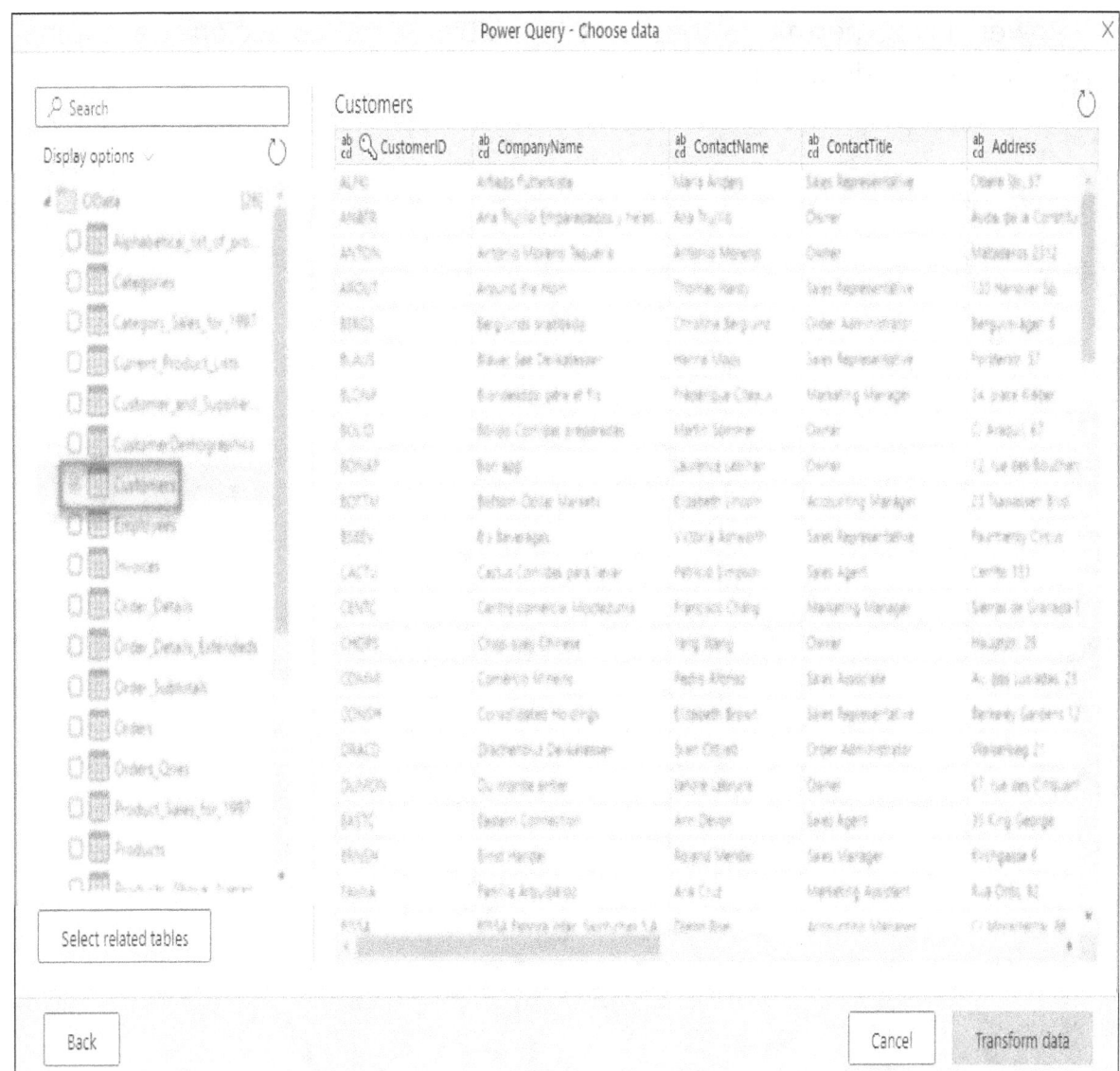

Power Query

Power Pivot

PowerPivot se utiliza para obtener acceso a todos los datos e integrar aquellos que poseen **multitud de orígenes**, tales como las bases de datos corporativas, informes, hojas de cálculo, archivos de texto y fuentes de datos de Internet.

Es capaz de crear un propio **modelo de datos** a partir de distintos orígenes de datos, modelados y estructurados para que se ajusten a las necesidades, estos datos pueden actualizarse desde sus fuentes originales siempre que se quiera.

Power Pivot permite crear y administrar una colección de tablas y relaciones, desde dentro de Excel.

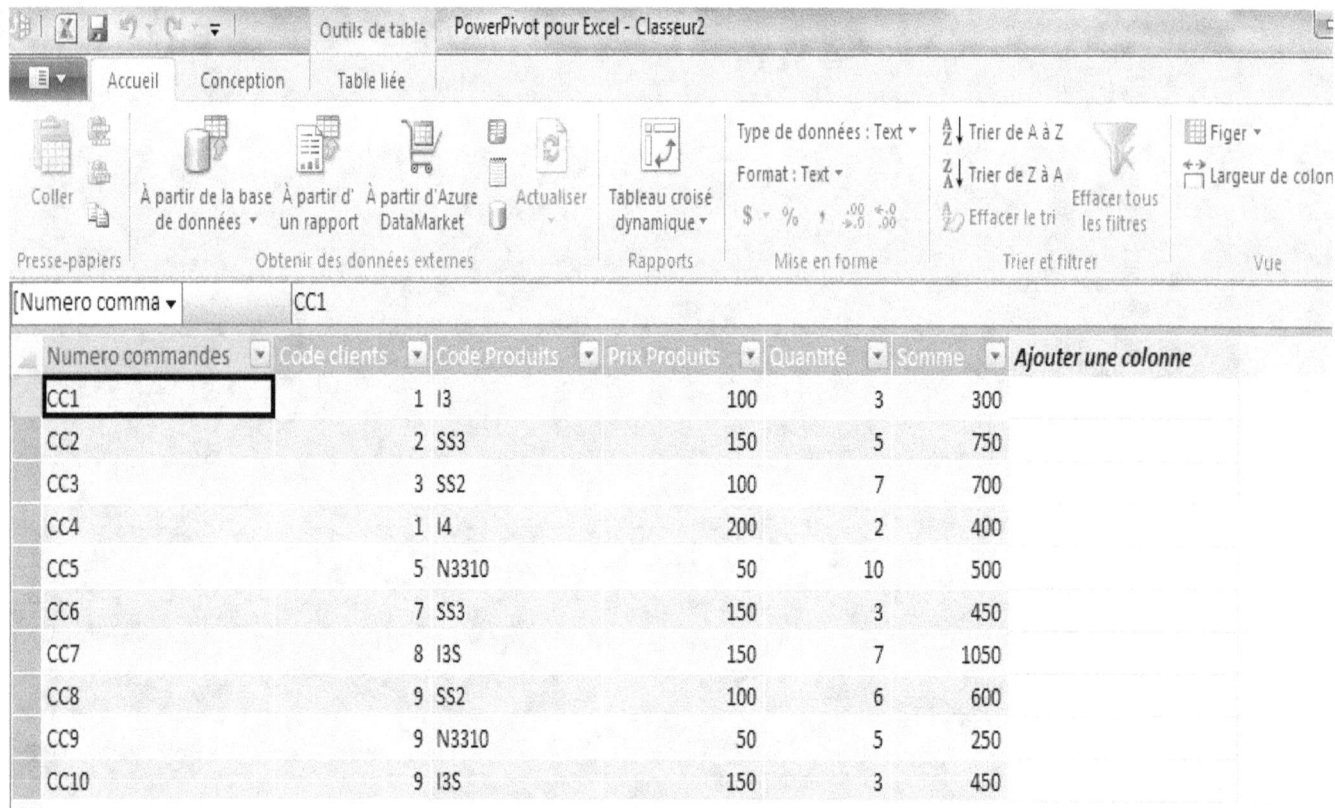

Tabla Excel en Power Pivot

Power View

Es una tecnología que permite crear fácilmente **informes** y **visitas analíticas** con gráficos interactivos, que ayudan inspeccionar y visualizar los datos de distintas formas. La visualización es intuitiva e interactiva de cuadros, tableros y mapas. Todo esto permite crear rápidamente, y con poco conocimiento, una presentación vistosa que haga referencia a un análisis de negocio.

Se pueden obtener **visualizaciones** de todo tipo en Power View, y los informes creados en Power View se comparten fácilmente con otros usuarios. Los consumidores de informes pueden analizarlos de forma interactiva.

Power Maps

Es una de las nuevas herramientas de Power BI, con ella se pueden hacer **visualizaciones en 3D**, es el complemento para Excel con el que se pueden crear mapas, inspeccionar e interactuar con datos geográficos, permitiendo así descubrir y compartir todos los nuevos conocimientos.

Permite explorar y navegar a través de datos geoespaciales en una experiencia de mapa 3D dentro de Excel.

Otras herramientas de Business Intelligence

La información que aportan las herramientas de Business Intelligence es útil para cualquier departamento de la empresa, desde responsables de compras, hasta responsables de las negociaciones internas y responsables de personal.

Análisis

Por ejemplo, la información de BI es útil para el **responsable de marketing**, ya que le permitirá conocer la efectividad que han tenido las diferentes promociones relacionadas con un producto y/o servicio determinado y, a partir de ahí, poder sacar conclusiones sobre las direcciones de los siguientes pasos a seguir.

Hasta el momento, se ha hablado de las herramientas que ofrece Excel para Business Intelligence; no obstante, **no es el único programa** que permite que una empresa adopte la filosofía de BI.

Algunas de las más conocidas en el ámbito son las indicadas a continuación:

1. JetReports. Es una aplicación que permite crear informes ERP.
2. SPSS. Es un programa estadístico que se utiliza fundamentalmente en el ámbito de la investigación y las ciencias sociales. No obstante, ofrece aplicaciones en investigaciones de mercado muy aceptables.
3. NiMbox. Es una herramienta muy útil para la organización de los diferentes datos de una empresa en distintas aplicaciones de tipo interativo.
4. QlikView. Facilita la accesibilidad a las bases de datos de una empresa.
5. Oracle Business Intelligence. Es una herramienta muy completa ya que permite utilizar análisis predictivos en tiempo real, así como emplear paneles interactivos, entre otras de las múltiples cualidades que posee.
6. LogiReport. Se considera una aplicación muy accesible que se encuentra disponible en la web de LogiXML como descarga gratuita.
7. SAS Institute. Es una herramienta que facilita el desarrollo de modelos de minería de datos, así como la gestión del riesgo financiero, entre otros.

Productos de Business Intelligence

La inteligencia de negocio es un factor estratégico fundamental en la empresa que permite adoptar **ventajas competitivas** frente a otras empresas del sector.

De esta manera, actúa como una metodología que aporta información relevante sobre posibles problemas de negocio que pueden surgir o han surgido, tales como **optimización de costes**, promociones, entrada a nuevos mercados, rentabilidad de un producto, etc.

Pero para ello, es necesario tener en cuenta diferentes productos de inteligencia de negocio que aportarán dicha información de forma segura y precisa.

Se diferencia entre:

1. Cuadros de Mando Integrales.
2. Sistemas de Soporte a la Decisión.
3. Sistemas de Información Ejecutiva.

A continuación se define cada uno de los **productos de Business Intelligence** con mayor detenimiento y profundidad, haciendo hincapié en las principales características.

Cuadro de Mando Integral (CMI)

Se define como una herramienta que establece y monitoriza los objetivos que posee una empresa así como los **objetivos** de las diferentes áreas que la componen. Establece los criterios de cumplimiento de una estrategia, así como los caminos para alcanzar los objetivos propuestos en aras de conseguir los resultados deseados.

Se puede diferenciar entre:

1. Cuadro de Mando Operativo. Se encarga del seguimiento de variables operativas y específicas de distintas áreas de la empresa. Se organizan de forma mensual o diaria, y requiere de un sistema ligado a decisiones para funcionar.

2. Cuadro de Mando Integral. Implica la puesta en marcha de una estrategia que involucra a la dirección en todas las fases, esto es, desde que se define la estrategia hasta que se implanta. Se puede aplicar desde la perspectiva financiera, interna o del cliente.

Sistema de Soporte a la Decisión (DSS)

Se encarga del análisis de los datos de una organización, realizando informes predefinidos con información estática que permite manejar distintas presentaciones de los datos, navegar con ellos, etc.

Pueden diferenciarse varios tipos de DSS:

1. Sistemas de información ejecutiva: conocidos también como EIS, son los más utilizados ya que el acceso a información interna es sencillo y rápido.
2. Sistemas de apoyo a decisiones en grupo: conocidos por sus siglas GDSS, actúa como una interfaz de un entorno compartido en que varias personas pueden trabajar al mismo tiempo. Incluye un sistema de comunicaciones que facilita la colaboración entre los integrantes.
3. Sistemas de información gerencial: también conocidos como MIS o AIS (sistemas de información administrativa), ofrecen diferentes tareas organizacionales.
4. Sistemas expertos basados en inteligencia artificial: conocidos como SSEE, simulan el conocimiento de una persona experta para utilizarlo ante diferentes problemas.

Se caracteriza por:

1. No necesita de conocimientos técnicos para su manejo, sino que permite una buena accesibilidad a la información y a las herramientas a utilizar.
2. Se pueden crear perfiles, de forma que cada persona pueda trabajar con la información desde su perfil, aportando eficiencia en el trabajo.

3. Posee una base de datos con información histórica de forma que se puedan acceder a datos de años anteriores y realizar comparativas de criterios.
4. Es una aplicación rápida en cuanto al tiempo de respuesta ante la introducción de datos y la obtención de los informes.
5. Los informes presentados, aunque la información sea estática, ofrecen dinamismo e interactividad en la presentación de los datos, de forma que se pueden diseñar en función de las preferencias de la persona que lo utiliza.

Sistemas de Información Ejecutiva (EIS)

Se caracterizan por ofrecer a los proveedores el acceso a la información **interna y externa** de la empresa que pueda ser de interés. Ofrece listados e informes que monitorizan a la empresa y controlan la información de la misma desde un acceso efectivo y rápido.

Para ello, utiliza interfaces gráficas intuitivas y visuales, así como análisis de tendencias e informes basados en la excepción.

II. Customer experience

El estudio del comportamiento de compra de los clientes conlleva analizar todo el conjunto de actividades que preceden y acompañan a las decisiones o actos de compra, en las que los consumidores intervienen activamente con objeto de llevar a cabo sus decisiones con conocimiento de causa.

Adicionalmente, implica también analizar cuáles son los condicionantes:

1. Estudiar el comportamiento de compra no sólo implica estudiar los hábitos de compra, entendiendo como tal a las decisiones de compra sino también estudiar las distintas actividades que van antes y después del acto de compra. Entre las actividades que van antes se podrían señalar las siguientes: en qué situaciones aparece la necesidad, qué fuentes utiliza, los criterios de evaluación. Mientras que entre las actividades que van después del acto de compra se podrían señalar las siguientes: dónde consume el producto, qué grado de satisfacción tiene el cliente, si consume el producto de una sola vez o en varias veces, etc.
2. La definición parte de la idea de que los consumidores cada vez más participan de forma racional pero bajo los principios de racionalidad limitada y de escasez, que implica que no hay racionalidad perfecta. Esto no quiere decir que todos los comportamientos sean racionales.

Las **características del comportamiento de compra** son:

1. El comportamiento de compra y su estudio suele ser complejo, ya que van a influir una gran cantidad de factores en ese comportamiento y de forma simultánea. Esto provoca que sea difícil prever la decisión del cliente.
2. El comportamiento de compra cambia y evoluciona a lo largo del ciclo de vida del producto puesto que la experiencia no es la misma. Por lo tanto, las variables del marketing también tendrán que adaptarse a dichos cambios.
3. El comportamiento de compra del consumidor es distinto según el grado de implicación que este tenga en la compra. El riesgo es una variable que se debe analizar siempre ya que será la que frene la compra de un producto.

Estas **tres características** hacen que el estudio del comportamiento de compra sea difícil. De hecho, es un estudio multidisciplinar ya que el marketing se ha encargado de recoger aportaciones parciales de otras disciplinas a la hora de explicar el comportamiento de compra.

El análisis del comportamiento de compra del consumidor va a permitir a la empresa **conocer e identificar** las necesidades o deseos actuales y potenciales que tienen los clientes (base de marketing). Como consecuencia, le va a permitir segmentar el mercado, de forma que se dirija mejor a cada uno de esos segmentos.

Eso va a suponer una fuente de oportunidades si la empresa lo sabe aprovechar, lo que le va a permitir a su vez planificar de forma más eficaz y eficiente las **políticas de marketing**, facilitando esto la lealtad, es decir, va a permitir fidelizar a los clientes y obtener, por tanto, una rentabilidad.

Los condicionantes del comportamiento de compra de los consumidores

Los factores condicionantes del comportamiento de compra de los consumidores pueden ser de dos tipos: internos o endógenos y externos o exógenos.

Factores condicionantes internos

Entre los condicionantes internos es posible destacar los descritos a continuación.

A. Motivación

Cuando una necesidad alcanza un determinado grado de intensidad se convierte en motivación. Por lo tanto, la motivación es una predisposición general que guía el comportamiento de las personas hasta la **satisfacción** de esa necesidad en un determinado sentido. Hay que conocer que necesidades tienen los clientes ya que, según la necesidad, el comportamiento va a ser diferente a la hora de consumir (necesidades fisiológicas, conscientes, inconscientes, de seguridad, etc.).

B. Percepción

Los individuos se comportan dependiendo de cómo perciban las situaciones, de modo que una persona que está motivada está preparada para actuar. La **percepción** es el modo personal en el que una persona selecciona, organiza e interpreta los inputs de información que recibe del exterior para formarse una imagen del mundo que le rodea.

La percepción tiene **varias características** con una fuerte implicación para la actividad del marketing:

1. Un estímulo repetido un gran número de veces lleva a que el estímulo no se llegue a percibir. Esto obliga a las empresas a introducir cambios en las campañas de comunicación.
2. Las personas perciben las cosas de forma organizada, es decir, no perciben de forma separada cada estímulo.
3. Las personas ajustan la percepción de forma que esta se relacione con sus actitudes o creencias. En muchas ocasiones las personas deforman la realidad para ajustarla a lo que ellas creen.

La percepción es selectiva en todas las fases o etapas que tiene, que son las siguientes:

1. Etapa de exposición al estímulo. Las personas no pueden estar expuestas a todos los estímulos.

2. Etapa de atención al estímulo. Las empresas tendrán que diseñar sus mensajes para captar la atención del cliente provocando su interés.

3. Etapa de interpretación. Una misma situación puede ser interpretada de forma completamente distinta por los distintos individuos. La empresa tiene que asegurarse de que los clientes interpretan el mensaje como ella quiere.

4. Etapa de recuerdo. La empresa tiene que intentar que su marca siempre esté presente dentro del "conjunto evocado" ya que las personas no tienen el recuerdo de un todo, sino que seleccionan sólo aquello que tienen en mente.

Tener en cuenta la percepción del cliente permitirá obtener una información de gran valor para poder ajustar los proyectos de la empresa.

C. La experiencia y el aprendizaje

Es el tercer determinante interno del proceso de decisión de compra. La conducta de compra de las personas es aprendida, puesto que es diferente el comportamiento de un consumidor fiel que el comportamiento del consumidor que adquiere el producto por primera vez.

Cuando la persona adquiere el producto por primera vez, tiende a prestar atención al envase, a los componentes, a las partes, a la diferencia de ese producto con otro del mismo sector, etc. Sin embargo, cuando la persona ya ha consumido el producto en más de una ocasión, presta atención a la cantidad de productos en el lineal, a la localización de este dentro del establecimiento, a las posibles modificaciones de precio que haya podido sufrir respecto de otras ocasiones, etc.

La experiencia y el aprendizaje producen o generan dos efectos:

Efecto de generalización:
Las personas al aprender suelen generalizar la experiencia que han adquirido a una situación semejante o similar, es decir, no consideran cada situación a la que se enfrentan de forma completamente independiente.

Efecto de discriminación:
Las personas al aprender tienen mayor capacidad para discriminar o diferenciar entre las distintas alternativas (productos). Son más expertos en esos productos, marcas o empresas.

D. Las características personales de los consumidores

Las características demográficas y socioeconómicas tienen carácter objetivo puesto que son fácilmente determinables y observables. Sin embargo, las características psicológicas son de carácter subjetivo.

Algunos **ejemplos** de estas características personales son los siguientes:

1. Demográficas: como puede ser la edad del consumidor, el sexo o la localización geográfica.
2. Socioeconómicas: influyen en el nivel de renta del individuo, ingresos, nivel cultural, profesión, nivel de estudios, etc.
3. Psicológicas: se refiere a las tres características siguientes del individuo: personalidad; el estilo de vida del individuo, que se refiere a la forma de estar una persona en la sociedad (actividades que desarrolla, intereses, opiniones); concepto (como se ve la persona).

E. Las actitudes

La actitud, en general, es una predisposición favorable o desfavorable hacia algo o hacia alguien. Dentro de la actitud es posible establecer tres dimensiones o componentes:

1. Cognoscitiva: abarca las creencias de un individuo.
2. Afectiva: componente de valoración positivo o negativo.
3. De comportamiento: tendencia a actuar de acuerdo con esa creencia y valoración.

Factores condicionantes externos

Se entiende como factores condicionantes externos los descritos a continuación.

A. El entorno

Van a influir en el comportamiento de compra del consumidor todas las variables que se vieron en la pregunta sobre el entorno, tanto macro como micro. Ejemplo: actividad de los intermediarios, los competidores, los suministradores de las empresas, etc.

B. La clase social

Las clases sociales son divisiones homogéneas y ordenadas jerárquicamente de la sociedad, cuyos individuos comparten una serie de actividades, valores y comportamientos, que **marcan la posición** de un individuo en esa sociedad. La clase social se va a determinar por un conjunto de variables socioeconómicas, es decir, no sólo por el nivel de renta, sino que también influye el patrimonio, el lugar de residencia, etc. Las clases sociales marcan una jerarquía social, informal y abierta, ya que se puede ascender o descender. La pertenencia a una determinada clase social puede **influir** en el comportamiento de compra.

C. Los grupos sociales

Van a ser un condicionante muy importante del comportamiento. Se tratan de grupos que el consumidor toma como referencia para consumir, ya que se identifica con ellos.

Se pueden distinguir entre dos clases según se forme o no parte del grupo: grupos sociales de convivencia o de no convivencia.

Grupos sociales de convivencia

Son aquellos a los que pertenece el individuo. Dentro de este grupo se pueden distinguir dos tipos:

1. Primarios: el consumidor mantiene una relación muy estrecha, frecuente y directa. Ejemplo: familia, amigos.
2. Secundarios: la relación no es tan estrecha, es más indirecta. Ejemplo: compañeros del trabajo.

Grupos sociales de no convivencia

El consumidor no pertenece a estos grupos, pero sí puede verse influido su comportamiento. Se pueden distinguir entre:

1. Aspiracionales: grupos a los que el individuo puede llegar a pertenecer y tomará su comportamiento como una guía de conducta.
2. Disociativos: grupos a los que el individuo no aspira a pertenecer a ellos ya que se lo toma como una norma en sentido negativo.

Los grupos sociales son importantes porque van a desempeñar las tres siguientes funciones:

1. Función informativa.

Los grupos sociales proporcionan información a las personas sobre productos, marcas, lugares donde se puede comprar.

2. Función valorativa.

En ella influyen los criterios de decisión de una persona ya que indican al individuo si algo es positivo o negativo.

3. Función normativa.

Los grupos sociales aportan presión para actuar de una determinada forma, esto es, para modificar el comportamiento del individuo de acuerdo al grupo.

La influencia del grupo no siempre es la misma ya que depende del tipo de grupo, del tipo de consumidor y del tipo de producto, siendo mucho mayor la influencia en productos de consumo visible.

D. La familia

Es el grupo de pertenencia **primario** por excelencia influyendo enormemente en las actitudes, motivaciones y personalidad de sus integrantes. Se hace referencia tanto a la familia en la que se nace como a la que se puede formar a lo largo de la vida.

La familia española ha experimentado **muchos cambios** durante toda la época de transición ya que se ha pasado de una única forma familiar legal a múltiples formas posibles, con sus problemáticas particulares.

Se van a mencionar, a continuación, tres aspectos. El primer aspecto de la familia sería el ciclo de vida familiar, puesto que a lo largo de la vida se pasa por una serie de **etapas o fases** en las que cambia el comportamiento de compra:

1. Soltería.
2. Pareja recién casada sin hijos.
3. Nido lleno 1: matrimonio joven con hijos menores de 6 años.
4. Nido lleno 2: matrimonio joven con hijos mayores de 6 años.
5. Nido lleno 3: matrimonio maduro con hijos dependientes.
6. Nido vacío 1: matrimonio maduro con hijos independizados.
7. Nido vacío 2: ninguno de los dos trabaja.
8. Superviviente solitario: viudo.

Hay etapas en las que se es más ahorrador, cambia el tipo de coche que se compra, el tipo de casa, el mobiliario, etc. Pero si es importante considerar el **reparto de errores** de compra: es importante conocer en cada tipo de producto quien lo va a comprar, es decir, saber si es el marido, la mujer, los hijos, en conjunto o quien va físicamente.

Los **cambios más destacables** que se han producido en la familia en los últimos años son:

1. Se ha reducido de forma evidente el tamaño medio de la familia.
2. Se ha ampliado o retardado la edad de formar familia o abandonar el hogar familiar.
3. Los hogares han experimentado una democratización al aceptar como válida la influencia de los y las menores de la casa.

4. Ha habido un cambio de rol dentro de la familia hoy en día, que si no es en comportamiento al menos lo es en actitud. Es muy importante conocer los roles desde el punto de vista del marketing.

E. Las influencias personales o los líderes de opinión

Son personas que se reconocen con capacidad para recomendar o influir en una decisión ya que son expertos en un producto. Dependiendo del producto habrá diferentes líderes de opinión.

Los líderes de opinión se consideran **prescriptores** y sirven de intermediarios entre los medios de comunicación y el consumidor. La empresa tiene que identificar a esos líderes y utilizarlos. Hay muchas estrategias para identificar a los líderes de opinión: crear un líder, identificar líderes de opinión reales, etc.

F. Variables situacionales

Se trata de las distintas situaciones de uso y consumo del producto, es decir, puede variar según el lugar donde se consuma y se use el producto (dónde, cuándo, para qué se consume, etc.).

Tipos de comportamiento de compra y etapas en el proceso de compra en los mercados de consumo
A lo largo del proceso de compra se pueden abordar una serie de papeles o roles a desempeñar. Lo suelen desempeñar una persona, pero a veces pueden ser varias personas distintas. En cada caso la empresa tendrá que identificar quien desempeña cada papel.

Estos roles o papeles serían los siguientes:

1. <u>El iniciador.</u> Es aquella persona que reconoce la existencia de una necesidad y que pone en marcha el proceso de compra.

2. <u>El influyente</u>. Es aquella persona que tiene capacidad para condicionar las decisiones de compra.

3. El decisor. Es aquella persona que va a adoptar la decisión relacionada con la compra (dónde se compra, cuándo, cuánto, etc.).

4. El agente de compras. Es la persona que realiza físicamente la compra.

5. El usuario. Es el consumidor, es decir, la persona que consume o utiliza el producto.

La empresa, en el caso de que sean varias las personas que participen en el proceso de compra, debe dirigirse a todos y cada uno de ellos, no sólo al usuario (consumidor). Ejemplo: productos para niños.

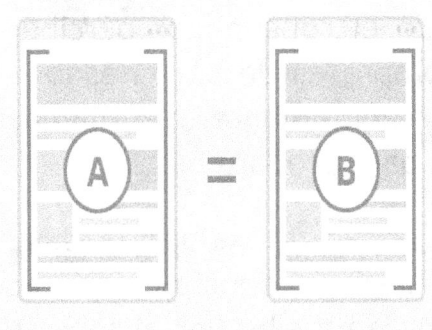

Se distinguen **varios tipos de comportamiento** de compra según el grado de implicación y según la existencia o no de diferencias percibidas entre las marcas.

Comportamiento de compra complejo

Es aquel que aparece cuando se trata de una compra de alta implicación y en la que el consumidor percibe que existen diferencias entre las marcas.

Este tipo de comportamiento es el proceso más largo y en el que el consumidor está dispuesto a dedicar más tiempo y a realizar más esfuerzo, es decir, como es una compra muy importante el consumidor tratará de buscar toda la información posible y la empresa deberá proporcionársela.

Comportamiento reductor de disonancia

Es aquel que aparece cuando se trata de una compra de **alta implicación** y en el que el consumidor no percibe que existan diferencias entre las marcas, es decir, el consumidor percibe que todos los productos son iguales. El individuo compra en muchas ocasiones por conveniencia.

El proceso es **más corto** puesto que no se busca información ni se compara entre los productos. Esta rapidez provoca que una vez que ya se haya realizado la compra al consumidor le aparece una disonancia, es decir, una situación de tensión o miedo por haberse equivocado: ¿compré bien?

La empresa tiene que mantener la comunicación con el consumidor para tratar de reducir esa disonancia. Ejemplo: garantía postventa.

Comportamiento de búsqueda variada

Es aquel que aparece cuando se trata de una compra de **baja implicación** y en el que el consumidor percibe que existen diferencias entre las marcas. La compra es de bajo riesgo y en estas situaciones el consumidor cambia frecuentemente de marca, no por insatisfacción solamente sino también para probar.

Las empresas líderes tratan de reducir la búsqueda del consumidor o lanzar otras marcas del mismo producto porque así es **más probable** que los consumidores le compren a ella. Por el contrario, las empresas que no son líderes buscan incentivar este tipo de comportamiento.

Comportamiento de compra habitual

Es aquel que aparece cuando se trata de una compra de **baja implicación** y en el que el consumidor percibe que no existen diferencias significativas entre las marcas. En este tipo de comportamiento de compra se prima el precio y la conveniencia.

El proceso es muy simple y tiene las características de la **compra de conveniencia**. El consumidor no va a dedicar mucho tiempo a la compra y, además, la publicidad y distribución son sencillas. Es importante que el consumidor conozca el producto y la notoriedad de la marca.

Etapas del proceso de compra

Estas etapas corresponden al comportamiento de compra complejo, puesto que en los demás casos el proceso de compra se simplifica ya que las etapas intermedias desaparecen.

Las etapas son las cinco siguientes. En primer lugar, destaca el **reconocimiento de la necesidad**, que implica que se tiene que comprar un bien o un servicio para satisfacer esa necesidad. A la empresa le interesa conocer en qué situaciones o que tipos de estímulos hacen que sea más fácil que aparezca y se reconozca esa necesidad.

La segunda fase es la **búsqueda de información**, que implica buscar información sobre las marcas o alternativas posibles, interesando a la empresa conocer las fuentes de información a las que acude el consumidor y la persona que desempeña ese rol. Donde primero suelen recurrir las empresas es a las fuentes de información internas, es decir, a la experiencia que tienen del producto. Si esa información no es suficiente recurrirán a fuentes de información externas.

Las **fuentes de información externas** pueden ser: personales (familia, amigos, etc.), comerciales (publicidad, vendedores, etc.) y públicas (bases de datos). El consumidor recurrirá a las fuentes de información externas dependiendo del tiempo que tenga para tomar la decisión y de la importancia de la compra.

La tercera fase es la **evaluación de las distintas alternativas**. Va a tratar de evaluarlas a través de una serie de criterios de selección. En esta etapa a la empresa le interesa conocer dos cosas: por una parte, cuáles son los atributos relevantes en los que se fijan los consumidores y la importancia relativa de cada uno de ellos y, por otra parte, la imagen del producto, de la marca, de la empresa para el consumidor.

La cuarta fase es la **decisión de compra**; hay que decidir si se compra o no se compra, cuánto se compra, cuándo, quién va a comprar, etc.

Por último, la quinta etapa se basa en **analizar los comportamientos post compra**. Son dos los aspectos básicos que la empresa tiene que analizar en esta etapa: por una parte, las distintas situaciones de uso o consumo del producto (dónde se sutiliza, cómo, para qué) y, por otra parte, el grado de satisfacción o insatisfacción de los consumidores o participantes en el proceso de compra, ya que si satisfacemos al cliente aumenta la probabilidad de que repita, es decir, esto va a condicionar la lealtad. La satisfacción va a depender de lo esperado y lo recibido. Por el contrario, si hay insatisfacción hay que analizar porque existe y cómo actúa el consumidor en este caso. Lo ideal para la empresa sería que el consumidor se quejara a la propia empresa, pero habría otras posibilidades como hablar mal del producto, no volver a comprar el producto, denunciar a la empresa, etc.

Fidelidad del cliente

Los clientes son cada vez más exigentes y no dudan en cambiar de marca cuando no están satisfechos. Por lo tanto, es importante adoptar una estrategia de retención que sea efectiva. Para los negocios, la **fidelidad de un consumidor** puede ser definida como un comportamiento repetitivo de compra de productos o servicios de la misma marca.

Desde un **enfoque de lealtad**, el consumidor está más o menos ligado a una marca en particular. La empresa puede considerar erróneamente que a mayor satisfacción de un cliente mayor será su fidelidad, o mayor será su lealtad; pero no es así. Sin embargo, e inversamente, sí es cierto que un cliente decepcionado no comprará el mismo producto.

Varios factores explican este razonamiento. El **consumidor** está expuesto a muchas opciones en Internet por lo que fácilmente puede tener un comportamiento volátil e irse a la competencia (incluso estando satisfecho con nuestro producto); en ocasiones simplemente por probar cosas nuevas.

Otro factor que puede ser determinante para que el usuario no nos elija puede ser que, expuesto ante dos productos de características tangibles similares, la otra empresa produzca **experiencias o emociones** más afines con las del consumidor. Por ello, porque la satisfacción no significa fidelidad, conviene poner en marcha acciones y herramientas que nos permitan retener a los clientes.

La supervivencia, el crecimiento y la rentabilidad de la empresa dependen directamente de su capacidad de mantener y conservar a sus clientes. Resulta más barato para una empresa retener a un cliente que adquirir uno nuevo. Un cliente fiel es una fuente de ingresos mucho más rentable que un cliente ocasional.

Además, los **clientes fieles** se convierten en prescriptores de la empresa y generan el efecto "boca a boca" tanto físico como digitalmente. Esta promoción indirecta es mucho más poderosa que la que pudiera realizar directamente la empresa; ya que la acción del cliente es desinteresada y por tanto resulta más verosímil.

La fidelización depende de:

1. **Venta cruzada (cross selling)**: la técnica de venta cruza que consiste en intentar vender productos que complementen a los que consume un cliente, por ejemplo, una funda para un teléfono móvil, tiene efectos muy positivos sobre los márgenes de beneficio de las empresas online. La táctica de venta cruzada está basada en la asesoría personal y se debe a una gestión óptima de las relaciones con nuestros usuarios con el fin de ofrecerle información relevante sobre productos que realmente pudieran interesarle. Esta muestra de interés por sus necesidades y el ofrecimiento de una atención personalizada consigue generar clientes fieles.

2. **E-mailing marketing**: también llamado ciberbuzoneo, es una de las herramientas del marketing directo más poderosas que existen para hacer marketing en Internet. Lejos del Spam o del envío masivo de correos electrónicos que no han sido solicitados por el receptor, esta práctica está basada en enviar boletines electrónicos o mensajes con contenidos relevantes a una lista de suscriptores que voluntariamente han aceptado recibirlo. El emailing marketing genera credibilidad y confianza a la vez que, paralelamente, permite establecernos como expertos en la materia dentro de un sector concreto.

3. **Reacción de comunidades**: Conviene potenciar el sentido de pertenencia a través de la creación de comunidades online, cuya finalidad primordial sea la creación de afinidad emocional en un determinado colectivo.

4. **Barreras de salida**: se debe procurar generar todos aquellos obstáculos (positivos) que dificulten la salida de nuestros clientes y potencien el uso recurrente de nuestros productos o servicios.

La estrategia de retención

Para llevar a cabo una estrategia de retención es imprescindible seguir algunas directrices:

1. Fomentar el compromiso con los consumidores: es importante no solo empujar a los consumidores a la compra a través de programas de fidelización; la clave radica en establecer conexiones emocionales con ellos. Esta conexión emocional se puede crear a través de interacciones positivas y reiterativas entre marca y cliente. Esta estrategia tiene que ver con el marketing de atracción y el marketing de retención.

2. Establecer relaciones win-to-win (ganar-ganar): gracias a los sistemas de gestión de datos se pueden ofrecer premios, servicios, comodidades, etc. Este tipo de prestaciones que se brindan a los consumidores no necesariamente tienen por qué ser monetarias. Es posible, por ejemplo, ofrecer un óptimo servicio de atención al cliente y a través de brindar una escucha activa asistir al cliente durante todo el proceso de compra, para evaluar su satisfacción personal con los servicios recibidos. De este modo, la empresa obtiene información valiosa y el cliente a su vez se encuentra satisfecho porque su opinión ha sido tenida en cuenta generando que se sienta privilegiado en ese sentido.

Otras estrategias a considerar son:

1. **Recompensas emocionales**: las recompensas no deben ser consideradas como la zanahoria que siempre se ofrece y nunca se alcanza. Conviene que las recompensas sean reales y espontáneas para que produzcan sorpresa en el cliente. Muchas empresas ofrecen, por ejemplo, cupones de descuento por los cumpleaños. ¿Qué ocurriría si por el mismo valor, premiara a sus clientes más fieles, ofreciéndole un regalo real acorde a sus gustos? De este modo se consigue generar experiencias únicas.

2. **Eventos exclusivos:** otra opción podría consistir en crear eventos exclusivos a los que invitar a algunos clientes de modo que se sientan especiales.
3. **Hacer uso de aplicaciones de navegación online que permitan fomentar las actitudes de fidelización**: la red social Foursquare, por ejemplo, ofrece servicios en este sentido; otras aplicaciones, como el portal de tarjetas móvil "fidme", desmaterializa las tarjetas de fidelización.

Consideraciones para crear un programa de lealtad

Algunas consideraciones son las siguientes:

Establecer metas concretas. Es importante reflexionar sobre cuáles son los objetivos de su campaña de fidelización: aumentar el número de los productos de la cesta de compra, redirigir tráfico hacia una web concreta, aumentar el número de clientes... Cada objetivo requiere de diferentes acciones.

Entender a los clientes. Cada cliente es una persona única con necesidades concretas. Hay que comprender sus expectativas y analizar sus motivaciones, descubrir si prefieren descuentos, calidad en el servicio, si prefieren invitaciones...

Segmentar a los clientes. Hay que adaptar sus comunicaciones en función de las personas o grupos de personas.

Seleccionar las herramientas adecuadas. Tanto los canales de comunicación como las herramientas son elementos esenciales para el desarrollo de programas de fidelidad, ya que son los que van a permitir un vínculo relacional entre la empresa y el cliente. Entre los canales más populares y utilizados están: los boletines informativos de noticias o revistas digitales (normalmente trimestrales) para el consumidor que contienen información de valor.
Otra herramienta son los cupones de descuento que se ofrecen generalmente junto a una compra realizada.

Los programas por puntos en los que la acumulación de los mismos permite ganar premios o descuentos en el futuro. Y, por último, nombrar la tarjeta de fidelización con la que se ofrecen privilegios a los clientes que la posean. También, conviene resaltar una práctica muy en boga en estos días: las "pop up store" o tiendas efímeras.

<u>Medir los resultados</u>. Analizar y calcular los rendimientos de cada una de las acciones realizadas.

El objetivo de estas herramientas es la de crear y fortalecer los vínculos entre las empresas y los clientes. La lealtad es relacional. Todas las acciones, anteriormente mencionadas, pretenden poner al cliente en el centro del sistema y ofrecer una verdadera calidad de servicio.

III. Estrategias Digitales

El **Social Media Marketing**, o SMM, es una rama del marketing que hace uso de las redes sociales para difundir contenidos y mensajes, aunque no se concentra únicamente en el uso de esta herramienta, aprovecha todas las aplicaciones colaborativas que ofrece la web 2.0. La aparición del SMM surge como respuesta a un nuevo ambiente de mercado definido primordialmente por el uso masivo de Internet.

La gestación de esta nueva disciplina está muy relacionada con la publicación del manifiesto Cluetrain, que en 1999 escribieron Doc Searls, David Weinbenger, Christopher Locke y Frederick Levine, y en cuya primera tesis se afirma taxativamente que: "*los mercados son conversaciones*".

En las 94 tesis restantes, se exponen, entre otros, los motivos por los cuales las empresas deben transformar inapelablemente sus **prácticas tradicionales** de negocios, dejando atrás su discurso unidireccional y pasar a la conversación participada e interesada con y por el cliente.

Ante un usuario que ha dejado de ser un **espectador pasivo** de la publicidad y que empieza a tomar **parte activa** en el proceso, los modos tradicionales del marketing se quedan obsoletos y han de ser replanteados sustancialmente.

El SMM plantea objetivos a **medio y largo plazo**, ya que su fin general se basa primordialmente en fomentar y gestionar relaciones de confianza y fidelización con el cliente (potencial o real) a través de una comunicación continua y bidireccional. Para ello, hará uso de las nuevas herramientas que le ofrecen los distintos medios sociales: redes sociales, web, blogs, agregadores de contenido...

El **diseño** de la estrategia de SMM estará adaptado a cada empresa particular en función de su target y objetivos. Aunque la mayoría de las empresas que hacen uso de este tipo de marketing pretenden mejorar su reputación online, posicionamiento de marca, obtención de mayor visibilidad, gestionar la reputación online, aumentar la influencia positiva, evitar y gestionar los comentarios negativos de la comunidad...

Para ello se configurará **equipo multidisciplinar** de SMM para poder abarcar un conjunto de diversas actividades relacionadas con la con la tecnología, la comunicación, la creatividad, la creación multimedia, la programación, la publicidad, la interacción social y las relaciones públicas. Crear una estrategia de marketing en redes sociales es imprescindible para que las empresas tengan una presencia en red.

Nuevos tipos de consumidores

Es posible diferenciar dos tipos de nuevos consumidores: Prosumer y Crossumer.

A. Prosumer

El neologismo *prosumer* no es un término nuevo pero sí está muy en boga actualmente ante la necesidad de nombrar un nuevo perfil de consumidor que surge con la llegada de los **medios 2.0.** Este vocablo prosumidor o prosumer es un acrónimo que resulta de la unión de las palabras en inglés productor (producer) y consumidor (consumer). Aunque también encuentra su origen en la fusión de profesional (professional) y consumidor (consumer). En la actualidad, el término prosumer, que engloba varias acepciones puede por un lado referirse al actor que participa de un proceso circular en el que al tiempo de ser consumidor es productor de contenidos.

Están involucrados en el **desarrollo** y la **producción** web. Al surgimiento de este perfil han contribuido las wikis o los blogs, herramientas que permiten subir información a la red. Es posible nombrar Wikipedia o YouTube como ejemplos patentes en los que el usuario genera su propio contenido para subirlo a la red y compartirlo con pares. Esta tendencia de consumir los mismos contenidos que generamos se debe al contexto digital en el que se encuentra.

Otra de las acepciones a las que alude el término prosumer está relacionada con el **impacto** que la sociedad de la información ha tenido en la sociedad de consumo materializándose en actos de consumo concretos.

Una de las características básicas de la red es la interactividad de los miembros que la constituyen. A este respecto, Toffler alude a un **consumidor profesional** (prosumer) que conectado a otros prosumers participan conjuntamente en la creación de los productos.

En resumen, los modos de entender el término prosumer son:

1. Productor-consumidor.
Personas que son capaces de crear los productos que ellos mismos consumen.

2. Profesional-consumidor.
Consumidores que ayudan a diseñar o adaptar sus necesidades a los productos que consumen.

3. Proactivo-consumidor.
Personas con iniciativa, capaces de corregir los problemas de las empresas y el consumidor en un ámbito virtual.

Sea como fuere, todas las acepciones de prosumer comparten un rasgo común: la barrera entre **proveedor y consumidor** se reduce considerablemente incluso llegando en ocasiones a desaparecer.

B. Crossumer

Este vocablo nace para nombrar un nuevo perfil de consumidor que surge en las **sociedades de consumo maduras**. La consultora The Cocktail es la que acuña este término para describirlo como *"un sujeto que ha tomado plena conciencia de su posición en un sistema económico y social articulado alrededor del consumo y que reivindica su rol activo"*.

El término Crossumer surge de la palabra consumidor, en su acepción inglesa (consumer), a la que se le ha añadido el verbo cross que significa cruzar o atravesar. Con ese apéndice se pretende **describir el carácter** y **comportamiento** activo que lleva al consumidor a cruzar la tradicional línea que actuaba de separación entre el productor y el consumidor, entre las empresas y el cliente.

El **Crossumer** es un consumidor complejo que se caracteriza por:

1. Conocer y utilizar las herramientas que le resultan útiles: Google, foros, páginas de opiniones, etc., con las que elaboran juicios razonados a partir de los mensajes consumidos.
2. Otorgar gran credibilidad y menor intencionalidad a los mensajes que provienen de semejantes y no directamente de la empresa. Muestran una actitud a priori escéptica y crítica ante los mensajes de las marcas. Presienten que conocen las estratagemas de los mercadólogos para conseguir ser persuasivos y se oponen tácitamente a sucumbir fácilmente ante ellas. Para ello han mejorado sus competencias para juzgar, de manera calmada y reflexiva, las propuestas de las marcas. Conscientes de las artimañas persuasivas de la publicidad les hace frente optando por una posición desconfiada y reflexiva.
3. Hacer uso de las nuevas tecnologías y cambiar con ello la relación y la forma de comunicarse con las marcas. Se produce reequilibrio de poderes como consecuencia de un modelo de relación mucho más activo y una comunicación bidireccional donde cada parte se configura en relación a la otra.
4. Tener un carácter comprometido: se muestra activo a mostrar su juicio de valor a otros.
5. Realizar investigaciones domésticas, lo que acarrea una sofisticación del juicio. Una tendencia cada vez más generalizada que ha sido constatada por el Centro Europeo del Consumidor (ECC) que afirmaba que en 1 de cada 3 ventas offline el consumidor se ha informado previamente en la red de redes.

6. Sofisticar su discurso en relación a las marcas con las que con son más exigentes y les demandan por ejemplo una responsabilidad social corporativa o incluir propuestas de valor añadido.

Una de las prácticas habituales del crossumer es el **Showrooming**. Este término consiste en acudir a una tienda física para informarse sobre las características del producto, testearlo físicamente, comparar los precios con la competencia, asesorarse por una persona competente para luego terminar el proceso de compra en Internet.

Las empresas comienzan a tomar conciencia de este cambio y optan por **no subestimar** la inteligencia del que posee la decisión de compra.

C. Diferencia entre prosumer y crossumer

En ambos casos, prosumer y crossumer, se atisba la importancia y el poder de influencia del usuario en este nuevo **paradigma 2.0.** Del poder que tiene este nuevo usuario se percató la revista "The Time" cuando en su portada de diciembre de 2006 anuncia que la persona del año eres Tú. Y refuerza la idea añadiendo el subtítulo *"Sí tú. Tú controlas la era de la información. Bienvenido a tu mundo"* (*"Yes, you. You control the Information Age. Welcome to your World"*).

Tampoco es casualidad que en ese mismo año un abogado se juntara con un malabarista para grabar y colgar un vídeo en YouTube en el que demostraban el sorpresivo efecto de juntar los caramelos Mentos con la Coca Cola light. La **difusión y el alcance** del vídeo, que se volvió viral, fue abrumador y tuvo repercusiones inesperadas en las cuentas de sendas empresas. Mentos aumentó su beneficio en 15 %, mientras que la marca de refrescos modificó su estrategia de marca creando un site específico donde compartir vídeos con sus consumidores.

Estos dos individuos corrientes fueron portada de la revista norteamericana Advertising Age que consideró que representaban a la perfección el abrumador **poder de los consumidores**, particularmente en su rol de difusores y creadores de contenidos publicitarios en esta era multimedia. El galardón otorgado anualmente por esta revista a la mejor empresa de marketing y publicidad fue a parar al ente abstracto pero poderoso del propio consumidor.

Publicidad en Social Media

Para hablar de la publicidad en social media hay que hablar de la **publicidad 2.0** y para eso hay que referirse a Paul Beelen y a su white paper titulado de igual modo: "Publicidad 2.0.", que permite mencionar las características más relevantes de la misma comparada con la publicidad tradicional.

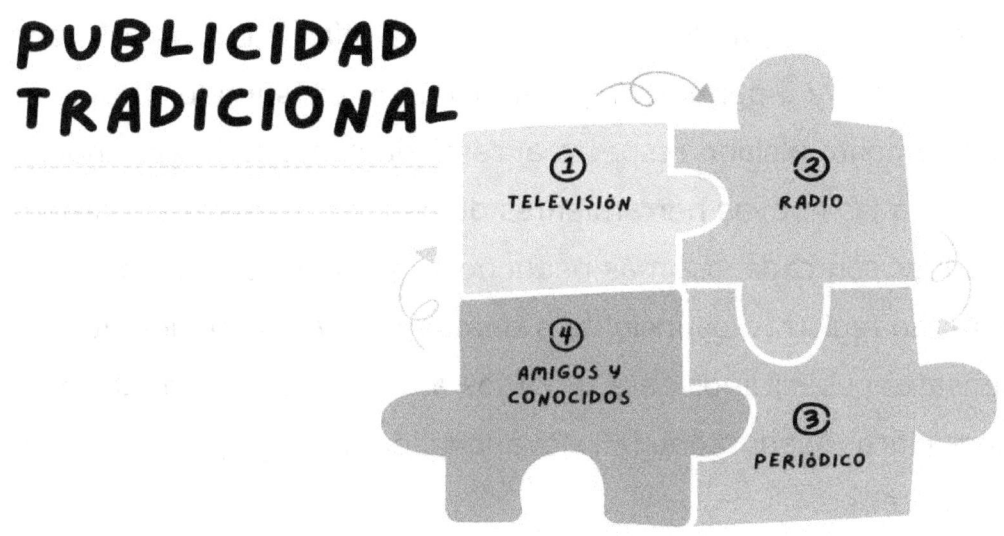

Diferencia entre tipos de publicidad

Se trata principalmente de una publicidad basada en la conversación, la cooperación y el fortalecimiento de las personas que la usan. Es más **social y cooperativa**.

Una de las diferencias más notables es que cada vez más los medios masivos (top down) y con ellos las tácticas publicitarias dejan paso a los **micro medios** (buttom up).

Esto entraña dos cambios:

1. Se elimina o atenúa la asimetría de información que existía entre la empresa y los usuarios. Antes, la compañía sabía más que el consumidor y hacia uso de esa información para seducir a un grupo objetivo o para corregir una opinión común, manipulando un mercado. Ahora las comunidades en línea exigen, en cierto modo, a las empresas aprender a comunicarse de una manera más honesta y transparente.
2. Las formas de publicidad masiva ya no funcionan. Por lo que hay que procurar una apelación personal. Antes, el mercado se segmentaba en grandes grupos que se reunían en torno a 5 canales de televisión y 3 periódicos generalistas. El consumidor estaba relativamente aislado respecto al resto de consumidores. Ahora, gracias a las nuevas herramientas de gestión de datos los grupos objetivos son cada vez más pequeños. Las nuevas tecnologías permiten registrar los insights a tiempo real y personificar los mensajes publicitarios para dirigirlos a personas con un interés espe- cífico. Asegurando la relevancia del mensaje para la persona que lo recibe.

PUBLICIDAD DIGITAL

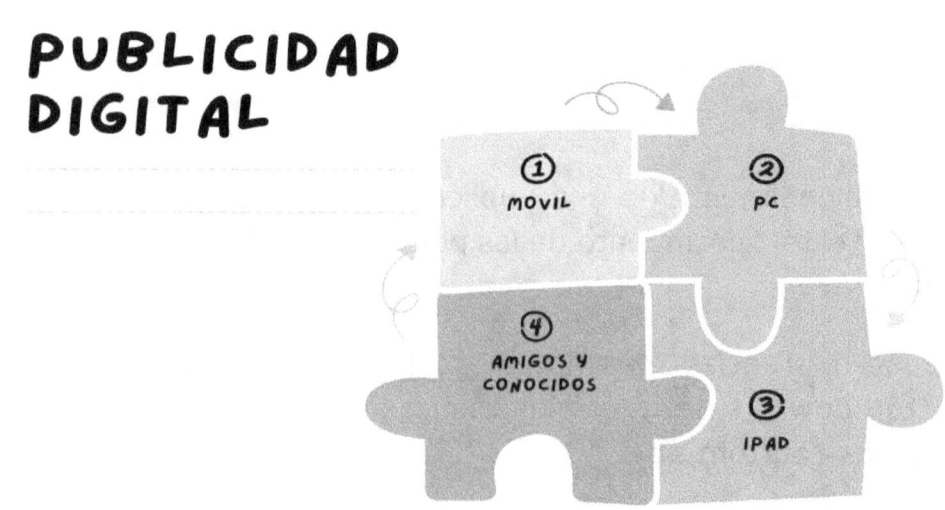

3. Estrategias utilizadas en Social Media

Estrategias hay tantas como ideas se pueden generar, y son muchísimas las **herramientas disponibles** en Social Media y varias las formas de usarlas, pero se puede concretar que las grandes empresas usan sólo 5 estrategias en Social Media para aumentar sus ventas y obtener una recuperación de la inversión tanto en términos cualitativos como cuantitativos.

Para ello se deben definir **métricas más complejas**, pero no simplemente en el número de fans, comentarios (aunque son datos importantes y también deben medirse) sino que se debe ir más allá y definir métricas reales como por ejemplo leads generados, conversión a clientes e ingresos producidos.

A continuación se conocerán ejemplos de las estrategias más utilizadas.

Estrategia 1: Imagen de marca

Mejorar la imagen de marca y notoriedad de una empresa es una de las principales estrategias en Social Media y para ello una buena opción es realizar vídeos que se distribuyan en plataformas como YouTube, pero no hay que quedarse sólo en imagen de marca, sino que se tiene que ver cómo aprovechar todo el tirón que produce un video viral para generar ventas.

Como ejemplo, se va a tomar una campaña que realizó **Toyota** para la promoción de uno de los modelos en formato de miniserie creando a la familia Sienna, este consiguió más de 8 millones de impresiones con sus videos en YouTube, y consiguió que la gente que los veía los compartiera con sus amigos a través de las redes sociales ayudando a Toyota a **reforzar su imagen de marca**. En conclusión, convirtiendo a los propios usuarios en prescriptores de su marca y del nuevo modelo de coche.

Estrategia 2: Ventas Online

Si la empresa vende productos online, uno de los principales objetivos será conseguir que los usuarios lleguen a la página de los productos y los compren, pero ¿cómo hacerlo?

A esta pregunta responde muy bien la empresa de **ordenadores Dell**, dicha empresa utiliza su canal de Twitter con más de 1,5 millones de seguidores para comunicar ofertas y promociones en sus productos con una gran rentabilidad.

Estrategia 3: Estudios de Mercado

Una de las características fundamentales de las redes sociales es su capacidad para emplearse como **herramienta de estudios de mercado**, puesto que permite conocer datos muy valiosos para el negocio.

Cliente

A modo de ejemplo, es posible destacar el estudio de mercado realizado por la empresa Starbucks con su web *mystarbucksIdea.com*, donde decidieron crear una **plataforma** para que los usuarios dejar sus ideas para mejorar Starbucks.

Estrategia 4: Fidelización del cliente

Toda empresa sabe que cuesta más conseguir un nuevo cliente que **fidelizar** uno actual, y por este motivo algunas empresas han decidido utilizar las redes sociales como herramienta de fidelización.

Un ejemplo es la estrategia en social media de Comcast, esta empresa no tenía buena imagen de marca y decidió implantar un **sistema de atención** al cliente utilizando varios canales en **Twitter** donde un equipo real de personas, se dedicasen exclusivamente a dar soporte a los clientes para convertir quejas y solicitudes de baja en nuevas oportunidades de negocio.

Los resultados después de 12 meses fueron visibles y a día de hoy ya cuentan con más de 45.000 seguidores en Twitter, y la estrategia les está ayudando a convertir a sus **clientes en vendedores** de su marca con su círculo de amigos.

Estrategia 5: Captación de Leads

La generación de bases de datos de potenciales clientes es una de las **más rentables** tácticas empresariales a largo plazo puesto que permite abrir un canal de comunicación de promociones con personas interesadas en el producto, al poder enviar comunicaciones directas mediante campañas de email marketing, por lo que las redes sociales y la generación de leads deben ir ligadas.

Para **captar leads** se pueden usar distintas herramientas, y por ello es importante definir una estrategia donde se aproveche todo el potencial de Internet apoyándonos en la web, videos de YouTube, descarga de ebooks, blogs, etc., de tal manera que poco a poco se vaya generando una potente y gran base de datos cualificada que ayudará a convertir en ventas.

IV. Nuevos entornos

Una red mundial de comunicaciones mediadas por un alto poder computacional tiene consecuencias en la economía que aún no es posible evaluar adecuadamente, y por esto, como lo expresa Nicholas G. Carr, por ahora se centra más en probar hipótesis por medio de "modelos de negocio" en lugar de seguir "estrategias" ya conocidas que no sean aplicables ante las nuevas condiciones creadas por la red.

Internet y sus tecnologías asociadas dan al comercio muchas posibilidades, tanto desde el punto de vista de proveedores como de consumidores. Por ejemplo, para los proveedores y comerciantes:

1. Facilidad para llevar estadísticas de diferentes tipos sobre sus clientes y su negocio, incluyendo la posibilidad de adquirir datos y perfiles de los clientes en un formato que facilite su sistematización y su aprovechamiento como "inteligencia comercial".
2. La oportunidad para comercializadores que organizan ofertas de varios fabricantes y se especializan en la agregación de información, la atención al cliente, la venta, la gestión del despacho y la entrega, etc.
3. El acceso relativamente fácil a un mercado potencial bastante amplio, en principio de dimensiones mundiales.

Para los **compradores o consumidores**:

1. El acceso fácil a multitud de ofertas.
2. La capacidad de comparar las ofertas, bien personalmente o bien con ayuda de los servicios de "agentes de software" o "infomediarios" (intermediarios de información).
3. La posibilidad de compartir información, evaluaciones y opiniones acerca de los productos con muchos otros consumidores.
4. La oportunidad de asociarse por un tiempo con otras personas que buscan el mismo producto para formar una demanda agregada susceptible de conseguir precios más favorables.

La práctica de los **precios fijos** es un concepto que se consolidó con la industrialización y el crecimiento de los mercados, sustituyendo prácticas anteriormente normales en comunidades pequeñas como el regateo, el trueque y el establecimiento del precio según la oportunidad y el cliente.

Social Media Plan

El plan de medios sociales Según afirma Sergio Maldonado en "Analítica Web: medir para triunfar (2010)": *"El plan estratégico en medios sociales sigue los mismos pasos que se establecen en los planes de marketing y comunicación tradicionales, pero adaptándose al contexto y entorno digital"*.

Actualmente, las empresas se mueven en un entorno **dinámico**, altamente cambiante y muy competitivo; caracterizado primordialmente por una globalización de mercados, por cierta inestabilidad económica, un permanente desarrollo de las tecnologías, etc. Factores todos que son determinantes para el éxito o fracaso de la empresa.

En este contexto, resulta vital la **asimilación y adaptación** de la empresa estos cambios, pero también, a unos consumidores y usuarios cada vez más informados, formados y exigentes. Por eso, para la gestión de cualquier proyecto empresarial y particularmente a los que respecta a medios sociales se vuelve imprescindible la anticipación a los cambios mediante la planificación. Nada ha de dejarse a la improvisación.

El **plan de medios sociales** es un instrumento imprescindible para el correcto funcionamiento y la consecución del fin deseado. Es imprescindible para tener éxito independientemente del tamaño de la acción a realizar.

Contar con un plan en medios sociales no es sólo abrirse una cuenta en Facebook o en Twitter simplemente para tener presencia, o abrir un blog en el que no se publica, etc., son acciones que pueden incluso alejar al usuario de la marca y conducirlos directamente a la **competencia**.

Para conseguir usuarios, fidelizarlos y finalmente convertirlos en clientes es necesario un plan de medios sociales.

El plan de medios sociales variará dependiendo del **objetivo** y el **sector** al que sea aplicado. No obstante, a continuación se detallan fases o etapas de un plan estratégico en medios sociales: Fase de diagnóstico, fase de estrategia e informe de resultados de la campaña.

I. Fase de diagnóstico

En ella se distinguen tres tipos de análisis: análisis interno, DAFO y la definición de objetivos. En el caso del **Análisis interno**, ello implica el estudio de cuál es la misión y visión de la empresa. Es importante tener claro el motivo, el fin o razón de ser de la organización.

El **Análisis DAFO** se lleva a cabo en numerosas situaciones, como por ejemplo cuando se elabora un plan de marketing o cualquier otra estrategia empresarial independientemente del área de negocio. Pese a su simplicidad este modelo de análisis resulta imprescindible ya que ayuda a definir la estrategia y plantear acciones concretas. Detecta cuáles son las Debilidades, Amenazas, Fortalezas y Oportunidades de la empresa.

Se pueden diferenciar dos tipos de análisis. Por un lado, el **DAFO interno** hace referencia a la situación de la empresa: Audita los medios tecnológicos y recursos con los que se cuentan.

Examina si existe una web, blog o alguna cuenta activa en redes sociales, sondea qué uso y conocimiento de las mismas tiene el equipo. Estudia el material tecnológico de los que se podrá disponer: equipos, teléfonos móviles, Wi-fi, fibra óptica...

Concretamente, analiza:

1. Recursos humanos: Selección del personal, jerarquías, aptitudes, tipo de formación, motivaciones, retribuciones, rotación de empleados...
2. Medios de producción: Qué capacidad para renovar y ampliar la gama de productos y servicios tiene la empresa, cuáles son los costes de fabricación, calidad y capacidad competitiva de la empresa.
3. Marketing: Línea y gama de productos, imagen de marca, precios, distribución, publicidad, promociones, posicionamiento, cuota de mercado, departamento comercial de la empresa, servicio al cliente, equipo de ventas...
4. Estructura: Organización interna de la empresa, departamentos que la forman, proceso de dirección y control y cultura de la empresa.

5. Recursos financieros: cuál es la partida presupuestaria de la que se dispone, nivel de endeudamiento de la empresa, préstamos de acreedores y proveedores, rentabilidad y liquidez. Nuevos productos, patentes, investigación y desarrollo...

Por otro lado, se realiza el **análisis DAFO externo**. Analice el público potencial y objetivo, los vectores de crecimiento y actividad del producto, también los de la competencia.[4]

[5]

Concretamente, implica analizar los siguientes aspectos:

1. Entorno: Se trata de todos aquellos factores que escapan al control de la empresa. Son los factores socioeconómicos, políticos, legales, tecnológicos... Se torna imprescindible saber cuál es el contexto social de la marca, producto o servicio para el que se desarrollará el plan. Qué está pasando aquí y ahora respecto al producto. Encontrar nichos, detectar tendencias y comportamientos...
2. Competencia: Implica analizar cómo se comportan los competidores principales del sector en las redes sociales (tanto los actuales, como los potenciales), es decir, cuál es su posicionamiento en la red y qué actividades desarrollan en ella.
3. Consumidor o Usuario: Define al máximo qué tipo de usuario accederá a los servicios ofertados, incluyendo una definición de objetivos generales del proyecto en Internet y públicos objetivos. Este análisis profundo del modelo de negocio y su contexto permite conocer el punto de partida y tener una visión global e imparcial de la empresa. El siguiente paso será definir unos objetivos coherentes a esa realidad.

II. Definición de estrategia

Se divide en:

1. Plan de acción de redes. Posicionamiento y publicidad en buscadores y otras herramientas de promoción y de comunicación complementarias: blogs, wikis, etc.
2. Definición de la gestión diaria a seguir.
3. Herramientas de gestión y control de resultados: monitorización e informes de resultados.
4. Análisis de herramientas de fidelización y viralización, newsletters, vídeos, concursos, etc.

III. Informe de resultados de la campaña

Hay que considerar lo siguiente:

1. Estos han de ser generados en términos de presencia y visibilidad. Implicar a los usuarios con la marca y el desarrollo de contenidos.
2. Llegar de forma directa a usuarios reales y con identidad propia. Seguimiento de los comportamientos de los usuarios en el contexto digital sobre las opiniones de la marca.

Objetivos y estrategia del plan de medios sociales

Definir adecuadamente los objetivos del plan de medios sociales es fundamental ya que supone el **punto de partida** para determinar la estrategia de marketing online de la empresa. En primer lugar, es conveniente realizar una aclaración terminológica y establecer la diferencia entre objetivo, meta y acción.

1. <u>Meta</u>. Es el fin al que se dirigen las acciones o deseos de alguien. Es el destino final que se desea.

2. <u>Objetivos</u>. Los objetivos son más específicos, verificables y cuantificables que las metas. Son los distintos pasos que llevarán a la meta. Por tanto, las metas son más genéricas y los objetivos más específicos.

3. <u>Acción.</u> Es el resultado de hacer. Cada una de las operaciones realizadas para la consecución de un fin.

Según diferentes profesionales en la materia, algunas de las metas y objetivos de los social media son:

1. Metas: acrecentar las ventas, aumentar los beneficios, incrementar el número de clientes, introducir nuevos productos, penetrar en otros mercados, conseguir reconocimiento de marca, mejorar la visibilidad, aumentar la reputación online, reducir costes de publicidad...
2. Objetivos: mejora del posicionamiento en buscadores, incremento del tráfico a la web, generación de conversiones, captación de leads, mejora del branding, gestión de reputación online...

Cómo deben ser los objetivos

Para que los objetivos puedan ser gestionados adecuadamente han de cumplir unas particularidades específicas, son los objetivos inteligentes.

Los objetivos deben cumplir los siguientes requisitos:

1. **S - Specific** (Específicos): un objetivo ha de ser sencillo, claro y sin posibles ambigüedades.
2. **M - Mesurable** (Medibles): deben ser planteados de modo cuantificable para poder establecer un indicador de progreso; de este modo se conoce si se está cumpliendo o no con el objetivo planteado y poder tomar medidas correctivas en caso de que fuera necesario.

3. **A - Assignable** (Asignables): es importante delegar de forma precisa un objetivo a una o varias personas. Definir con exactitud quién hará qué.
4. **R - Realistic** (Realistas): deben ser planteados atendiendo a las propias posibilidades. Plantearse un objetivo irrealizable representa un fracaso de antemano.
5. **T – Time-related** (Acotados en un tiempo determinado): se ha de especificar cuándo el objetivo ha de ser cumplido. De modo que, es posible definir un deadline, una fecha límite, para evitar la procrastinación.

Estrategia del plan de medios sociales

La estrategia tiene que ver con el diseño de un escenario que haga posible la **comunicación con clientes** y usuarios para compartir información y generar un diálogo abierto. La estrategia pasa por definir los objetivos, metas y acciones del plan social media. Una vez fijados los objetivos se podrá elegir la estrategia para llegar a ellos mediante acciones de marketing.

Diferentes profesionales han propuesto **5 estrategias Social Media** más utilizadas para aumentar las ventas y conseguir un retorno de la inversión:

1. Mejora de la imagen de marca y notoriedad de la empresa. Publicar, por ejemplo, contenido viral para que se generen comunicaciones prescriptivas y sean los propios usuarios los que recomienden la marca.

2. Ventas online. Hacer uso de las herramientas sociales para promocionar productos y ofertas.

3. Estudios de mercados. Si es posible, generar plataformas en la que los propios usuarios expongan su percepción de la empresa y analizar esos datos ya que son muy valiosos para realizar estudios de mercado precisos.

4. Fidelización del cliente. Usar las redes sociales para conversar y dar cobertura a los clientes y gestionar eficazmente las peticiones, quejas, solicitudes...

5. Captación de Leads. Generar bases de datos cualificadas de clientes potenciales supone, a largo plazo, un recurso de inestimable valor. Una estrategia que contemple el uso de las distintas herramientas que proporciona la red para generar leads que permitan enviar comunicaciones personalizadas y ofertas directas resulta altamente eficaz.

Integración del plan de medios sociales en la estrategia de marketing de la empresa

A continuación, se indican una serie de pasos que permitirán integrar los medios sociales en su plan de marketing tradicional.

Paso 1

Conlleva entender las diferencias y similitudes entre medios de comunicación social y los medios de comunicación tradicionales. Hay que tener en cuenta la "dimensión social" de las conversaciones en medios sociales.

Paso 2

Para comenzar a hacer uso de los medios sociales no se requiere ser un experto en todas las tecnologías existentes; no obstante, sí conviene prestar atención al contenido del mensaje y cómo optimizar su alcance y su comunicación con su público. Hay que pensar en qué se puede aportar a los usuarios.

Paso 3

Se debe revisar atentamente las menciones e información que circule online sobre la empresa y todo lo relacionado con ella. Es posible utilizar dispositivos de escucha en línea como Alertas de Google, Twitter Search, Radian6 y PR Newswire's Social Media Metrics.

No solo se analiza lo que se dice fuera, sino también además la información actual del website de la empresa. Es muy importante que se **examine** la manera en que se está utilizando texto, audio, imágenes y vídeo en su sitio y compilar todos los datos de la exploración en un informe de medios sociales para evaluar qué impacto pueden tener la implementación de los medios sociales en la empresa.

Paso 4

Definir la meta. Todos los mensajes publicados en los distintos medios sociales de los que se está haciendo uso han de ser coherentes entre sí; y también, con la misión y visión de la empresa y el plan de marketing. De no ser así, conviene **revisar y modificar** los contenidos que dependen exclusivamente de la empresa antes de incorporar la conversación bidireccional a la estrategia.

Hay que aprender a utilizar la información de forma más eficiente y para el propio beneficio. Por tanto, es necesario elegir las herramientas de medios sociales adecuadas para ampliar la difusión del mensaje y sacarle el **máximo partido**. En el caso de una ponencia sobre redes sociales, esta puede ser grabada en vídeo y subida a su canal de YouTube, se puede compartir la presentación en Slideshare, publicar las fotos durante el acto en Instagram, incentivar a escribir comentarios en Twitter mientras se produce el acto, centralizar los contenidos de la investigación previa en Scoop it...

Esto es, un mismo material puede ser **codificado** fácilmente para su publicación en distintos medios sociales. Se deberán seleccionar qué medios sociales son más eficaces para la empresa, ya que no se trata de estar en todos, más bien se trata de conocer las distintas herramientas y qué público acceden a ellas. Así, es posible analizar, razonar y seleccionar justificadamente la mejor opción. Es importante también **designar tareas y responsabilidades**, ajustando el trabajo actual a la gestión de los medios sociales. No se debe subestimar la carga de trabajo ni la responsabilidad del social media.

Paso 5

Recoger las directrices y definir unas reglas claras de publicación de contenidos para que todos los empleados las entiendan y las sigan. No es lo mismo hablar en nombre de una empresa que hablar sobre una empresa. Las reglas para los medios sociales son similares a las reglas de todas las demás formas de comunicación profesional.

Paso 6

Crear los distintos perfiles en las redes sociales y materializar la **presencia online**. Para empezar, se puede opinar en alguna conversación ya existente relacionada con el sector, añadiendo contenido de valor y analizando la reacción del resto de usuarios. También es posible iniciar una nueva conversación, realizar una pregunta, hacer un comentario que anime la conversación, tener, en definitiva, presencia en todas aquellas comunidades relacionadas con el sector.

Es importante crear un **blog** porque da mucho control sobre el contenido, ayuda a posicionarse en buscadores y a generar un público regular si el contenido es periódico y de calidad. Un blog es una buena herramienta si se hace un uso adecuado, no obstante, requiere un compromiso a largo plazo. También conviene crear microblogs (Tumblr, Twitter, etc.), para mantener conversaciones fluidas y a tiempo real con la audiencia.

Paso 7

Integrar los medios sociales tomará tiempo y recursos. Hay que medir la eficacia de cada una de las acciones, analizar los resultados y no malgastar recursos. Cada acción que se realice conviene que pueda ser evaluada.

Paso 8

Acercamiento a los clientes. Integrar el uso de las redes sociales al plan general de comunicaciones puede reportar grandes y variados beneficios.

Social Media Plan ideal para tu empresa

Cuando cualquier tecnología se extiende (ya sea por e-mail, mensajes de texto o redes sociales) se necesita algún tiempo para que se establezca cuáles son las mejores prácticas o estrategias.

La clave para convertir un negocio en un éxito de marketing dentro de las **redes sociales** se concentra en los fundamentos que ya hacen que el negocio sea amplio, y que permiten a los clientes hablar bien sobre los productos o servicios excepcionales.

De esta manera, se indica a continuación un plan de **5 pasos** que pueden asociarse a la experiencia de un consumidor, obteniendo así una forma de captar mayores clientes al negocio.

Paso 1. Comienza con un servicio excepcional

Se debe brindar experiencias memorables a los clientes aunque resulte una sugerencia obvia tiene mucha importancia.

Cuando se está funcionando a toda máquina y se da a los usuarios una experiencia de primera, se observa cómo los clientes ocasionales se convierten en **apasionados**. Para bien o para mal, son este tipo de personas las responsables de difundir un mensaje sobre el producto y/o servicio ofertado por la empresa a su entorno más cercano.

Y para cualquier campaña de marketing en redes sociales por iniciar, es importante tener todos los **fans de salida** dispuestos a comentar la marca y las grandes experiencias que han tenido con él.

Paso 2. Atrae a los clientes con contenido interesante

La construcción de una base de fans apasionados es muy importante y el siguiente paso consiste en extender la experiencia fuera de las paredes de la empresa. El e-mail marketing ayuda a llegar a los clientes apasionados cuando no están en la tienda para compartir consejos y otras informaciones a través de comunicaciones periódicas.

El **e-mail marketing** ofrece múltiples beneficios que van más allá de simplemente mantener informada a la clientela. El hecho de pedir una dirección de correo electrónico fortifica la relación entre la empresa y los clientes, porque están confiando al ceder un pedazo de su información personal.

Sin embargo, el que un cliente haya dado su correo puede parecer un pequeño detalle pero es más que eso, ya que está brindando a la empresa la **confianza** para interactuar en un nivel más profundo con el negocio

Además, los boletines de correo electrónico son fácilmente transmitidos y compartidos con los amigos, por lo que este es el primer paso hacia un aprovechamiento de los contactos de los clientes.

Paso 3. Ayuda a los clientes apasionados a correr la voz

Reenviar un boletín por correo electrónico sigue siendo en la actualidad una gran manera para que los clientes puedan **correr la voz** sobre la empresa; en cambio, es importante considerar que las redes sociales más importantes son capaces de proporcionar una gran cantidad de formas distintas de lograrlo.

Por ejemplo, un **archivo en línea** que tenga el contenido del boletín del correo electrónico se puede enviar como enlace a varios sitios de redes sociales en torno a la Web.

Un ejemplo sería el caso de **Andrea Herrán, una** consultora de RH. Cada mes, se encarga de enviar un boletín de noticias breves de correo electrónico en que se añade un artículo sobre la gestión, junto con numerosos enlaces a sus entradas de blog recientes y otros recursos que puedan interesar a sus suscriptores. No solo eso, también interactúa de manera directa a través de Twitter y Facebook, lo cual le permite compartir ideas, y aprender de sus clientes.

Paso 4. Convierte clientes ocasionales en clientes apasionados

El intercambio de información con los amigos es la naturaleza del social media marketing, así que usar este canal para centrarse en los clientes **más apasionados** permitirá rápidamente incrementar la conciencia en el negocio entre sus contactos. Esta es la razón por la que provee contenidos a sus clientes más apasionados es tan importante.

Si les das información de que hablar, ellos con gusto lo **compartirán con sus amigos**. Algunos ejemplos de artículos que un negocio puede publicar incluye:

-Información sobre los nuevos productos o modificaciones en las ofertas existentes.
-Ofertas, ofertas, descuentos y cupones.
-Noticias de los próximos eventos.

-Ofertas, premios, premios y concursos.

Los **suscriptores de correo electrónico** son más comprometidos, puesto que interactúan a través de su bandeja de entrada, lo cual significa que va a recibir una alerta cuando el mensaje llega, mientras que los contactos de las redes sociales se distraen más fácilmente.

Paso 5. Mantén el "círculo virtuoso" en marcha

Si el objetivo final implica convertir a las personas en clientes apasionados, es preciso **considerar la oferta** de una experiencia de calidad a los clientes. Se recomienda utilizar la social media para **atraer** a nuevos clientes sorprendiéndolos con un excelente servicio y no olvidar orientar los esfuerzos a que se suscriban al boletín de correo electrónico mientras están allí. Cuando lo hagan, ellos se encargarán de transmitirlo a sus amigos y así sucesivamente.

V. Value Proposition Design

La **propuesta de valor** es aquello que se espera hacer mejor o de manera diferente que la competencia. Una empresa puede tener una o varias propuestas de valor, dependiendo si se dirige a uno o varios grupos de público objetivo.

En este paso se debe describir la propuesta que se ofrecerá a los clientes, que se basará en:

a-Los problemas que se le resuelven al cliente con el uso del producto.

b-Las necesidades que se van a cubrir con el producto.

c-Las características del producto que se resaltarán en el mercado.

Cuando se trata la propuesta de valor, se hace referencia al **conjunto de beneficios** aportados al cliente a través de la contratación de los productos o servicios. Es decir, es la promesa por la cual la empresa se diferencia de los competidores.

Existen **tres propuestas** de valor tradicionales, que pueden variar dependiendo del sector empresarial. Estas propuestas de valor giran en torno a unas ideas clave:

1. Excelencia operacional. Se trata básicamente de la idea de ofrecer productos o servicios a un menor precio.

2. Liderazgo de producto o servicio. Se trata de actualizar de manera continua productos y servicios para mantener la vanguardia de la empresa en el sector.

3. Personalización. Implica la individualización de los productos o servicios con el objetivo principal de satisfacer las necesidades concretas de cada cliente.

En la empresa, es fundamental la **alineación** de la propuesta de valor con la *misión empresarial*, así como con la *visión empresarial* para que la estrategia empresarial sea exitosa y muy probablemente tenga coherencia con los **valores** empresariales. Está basado en la generación de modelos de negocio, descrito en el temario.

La propuesta de valor se encarga de explicar la **relevancia de un producto o servicio para el cliente**. Esto es, indica cómo puede resolver los problemas de un cliente y cómo mejora la vida de la persona gracias a la adquisición del producto o servicio de la empresa, frente al resto de empresas competidoras del sector.

Además, la propuesta de valor se encarga de aportar el **valor del producto o servicio para el cliente**. Ello hace referencia al beneficio o beneficios que obtendrá la persona cuando adquiera el producto o servicio, de forma que aumenta su valoración frente a otros productos o servicios disponibles en el mercado.

Por último, la propuesta de valor se utiliza también para **diferenciar al producto, servicio y/o empresa** del resto de competidores del mismo sector, demostrando qué puede ofrecer frente a las demás empresas y demás productos/servicios.

Para que el cliente pueda comprender estos tres aspectos, la empresa no debe utilizar tecnicismos ni descripciones que puedan dificultar el acceso a la información. Debe transmitirse un mensaje sencillo, eficaz y claro.

En definitiva, la propuesta de valor es el **conjunto de razones** por las cuales el cliente debe escoger la empresa y no a otras del sector, resaltando los aspectos positivos y aquellos elementos que la diferencian de todo el mercado.

Por tanto, el **diseño** de una propuesta de valor debe ser una tarea fundamental en la gestión de proyectos para poder ofrecérselos al público consumidor de forma diferente, identificativa y única.

No siempre se puede contar con las mejores características frente a otras empresas, pero lo importante es saber venderse al público para que este elija a esta empresa frente al resto, aunque haya aspectos que sean **diferentes y/o mejores** en otros competidores. Por ejemplo, aunque Apple no tiene unos precios accesibles para todo el mundo, se considera líder en su sector debido al resto de servicios y propiedades que ofrece a sus clientes.

Qué no es una propuesta de valor

Es importante que la propuesta de valor se distinga del slogan comercial o consigna que se utiliza como **estrategia de marketing**, así como de los enunciados de posicionamiento de una marca.

Siguiendo el ejemplo anterior, el slogan publicitario de Apple es **"Think Different"**, que traducido al español sería "Piensa diferente". Con este lema, la compañía busca despertar en el público consumidor un cambio de mentalidad en cuanto a la compra de ordenadores y productos tecnológicos se refiere. Pretende incitar a la reflexión sobre qué necesita, qué propiedades desea en un producto y la necesidad de pagar por la calidad de las mismas.

Otra cosa diferente es que Apple ofrezca como propuesta de valor las características **técnicas** de sus productos, el servicio de atención al cliente personalizado, la configuración de los equipos con la marca o la seguridad y protección de datos de los usuarios, entre otros aspectos.

Hacerse entender

La empresa debe tener claro que el cliente no puede **leer la mente** de los altos cargos directivos ni del equipo de generación de modelos de negocio que tenga la compañía, así como tampoco estar en contacto directo con el equipo de marketing. Estos departamentos deben conocer qué demanda el consumidor, qué quieren los clientes y cómo conseguir ofrecerlo y hacerlo posible mediante el producto o servicio de la empresa.

En este sentido, **no basta** con decir y repetir las ventajas y beneficios que poseen los productos o servicios de la empresa, sino que deben demostrarlo, y los clientes deben ser capaces de comprobar que la propuesta de valor que ofrece la empresa es cierta.

Tener un gran producto no significa que una persona lo vaya a consumir, sino que **debe creer** que es el mejor producto.

Por tanto, a través de los diferentes medios de que disponen las empresas deben transmitir esa idea a los clientes y consumidores: social media, medios tradicionales, televisión, campañas publicitarias, servicios que ofertan, opinión de otros clientes, etc.

VI. Generation Business Models

La **particularidad** de un modelo de negocio de éxito se trata de realizar un diseño lógico, que acoja todos y cada uno de los límites de la empresa. Para comenzar hay que decidir qué modelo de negocio acoger para explotar todo el valor potencial de la nueva tecnología.

Cada una de las opciones dentro de los tipos de modelos de negocios implica un **sistema de actividades** completamente diferente, así como distintas interacciones con terceras partes. En relación a los resultados, cada una de las opciones influirá en el nivel de inversión de capital y los precios y márgenes que se establecerán.

Uno de los principales elementos para comprender el modelo de negocio como un sistema de actividades es la interdependencia entre la empresa y los actores de su ecosistema, es decir, los clientes, los proveedores y la competencia.

A la hora de diseñar el modelo de negocio, los directivos deberían definir los siguientes elementos:

1. Contenido: ¿Qué actividades se contemplan?
2. Estructura: ¿Cómo están relacionadas las actividades, y cuáles son las importantes, las de apoyo y las periféricas?
3. Gobierno: ¿Quién realiza estas actividades?

Para redactar el **Modelo de Negocio**, se pueden utilizar distintas herramientas, por ejemplo: "Plan Crunch", "Board of innovation" o "The Business Model Canvas". Esta última es una herramienta de gran aplicación por su sencillez y utilidad. Fue creada por Alex Osterwalder y desarrollada en su libro "Generación de modelos de negocio" (Business Model Generation, Alexander Osterwalder & Yves Pigneur, 2010).

Se trata de un **esquema muy sencillo** de entender y aplicar, por lo que resulta especialmente adecuado para emprendedores de cualquier perfil, y para profesionales en la empresa sin una conexión directa con el mundo del diseño de modelos de negocio.

El canvas de modelos de negocios, en su traducción al español, permite ver en un solo folio los 9 elementos que deben componer el modelo de negocio. Según **Osterwalder** (2010): "*la mejor manera de describir un Modelo de Negocio es dividirlo en nueve módulos básicos que reflejen la lógica que sigue una empresa para conseguir ingresos. Estos nueve módulos cubren las cuatro áreas principales de su negocio: clientes, oferta, infraestructuras y viabilidad económica*".

En este modelo participan los siguientes **elementos** descritos a continuación.

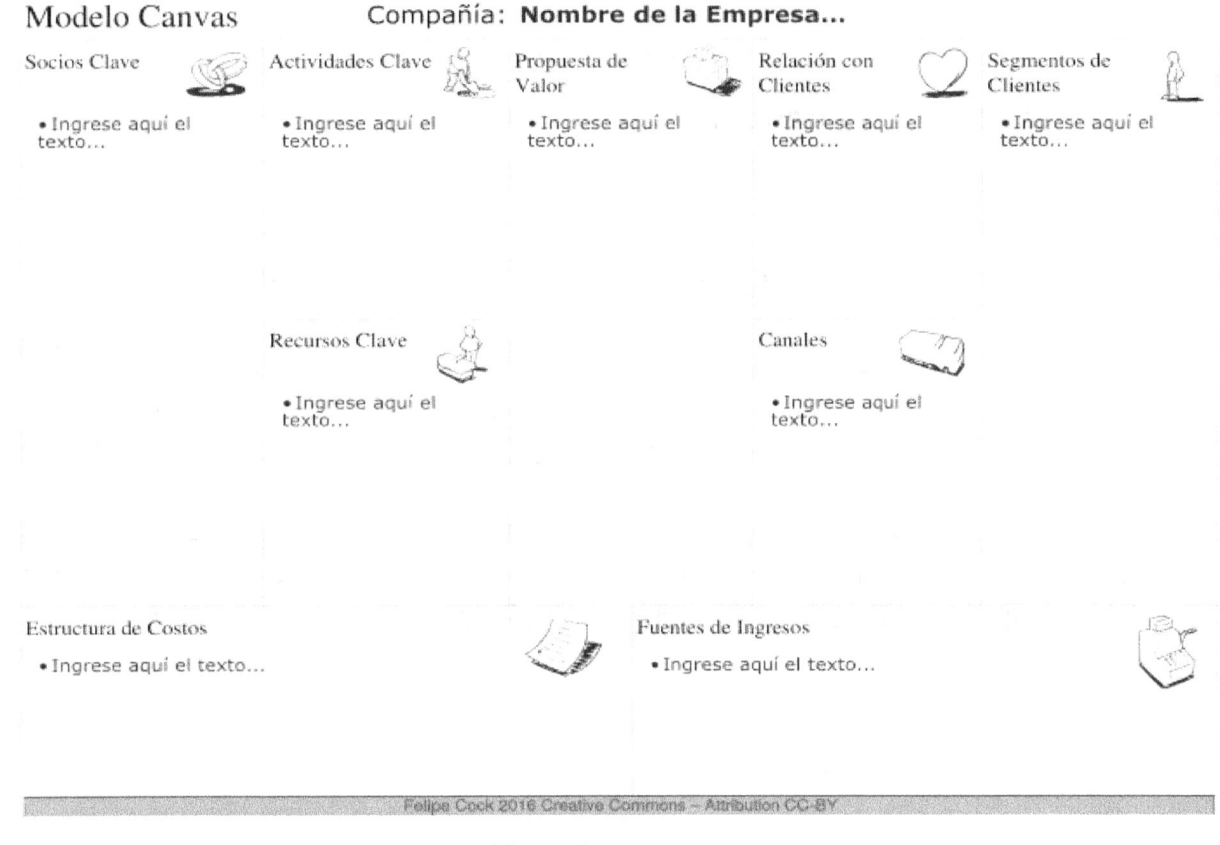

Estructura Canvas

Segmentos de clientes

Los clientes son la base principal del **Modelo de Negocio**. Se debe saber perfectamente a quién se quiere vender la propuesta de valor y qué necesidades tiene.

También se analizarán en este punto los grupos de clientes que se van a alcanzar y reflexionar sobre aquellas necesidades que se van a cubrir con la compra del producto.

Propuesta de valor

La propuesta de valor es aquello que se espera hacer mejor o de manera diferente que la competencia. Una empresa puede tener **una o varias** propuestas de valor, dependiendo si se dirige a uno o varios grupos de público objetivo.

En este paso se debe describir la propuesta que se ofrecerá a los clientes, que se basará en:

1. Los problemas que se le resuelven al cliente con el uso del producto.
2. Las necesidades que se van a cubrir con el producto.
3. Las características del producto que se resaltarán en el mercado.

Relaciones con los clientes

Aquí se analizará el tipo de relaciones que se determinarán con el cliente en el momento en que adquieran el producto. Se trata de **identificar** la forma más agresiva y creativa para establecer relaciones a largo plazo.

Se debe responder a la pregunta "¿Cómo integrar las relaciones con tus clientes para que funcione de forma armoniosa con tu Modelo de Negocio?", "¿Les hablarás de tú o de usted?", "¿Qué buscan y esperan de ti?".

Canales de distribución

Se debe incluir en este apartado la forma de distribuir el producto para que llegue al cliente final de la forma más **efectiva y segura**. Se debe identificar los canales de distribución que funcionarán mejor para el producto y para hacer eficientes los costes.

En este apartado también entrará la estrategia de comunicación que se llevará a cabo para promocionar el producto y para darse a conocer a los nuevos clientes.

Fuentes de ingresos

Aquí se debe tendrá que evaluar qué cantidad de dinero está **dispuesto a pagar** el cliente por la compra del producto, y se deben responder tres preguntas principales sobre la obtención de ingresos con la idea:

1. ¿Cuánto pagarán por mi producto?
2. ¿Cuánto pagan actualmente por un producto similar?
3. ¿Cuánto se tiene que ingresar para obtener los márgenes de beneficios deseados?

Actividades clave

En esta sección se incluyen las **actividades clave internas** que permitirán entregar la propuesta de valor a los clientes: procesos de producción, publicidad y marketing, etc.

De esta manera se conocerán las actividades clave que darán valor a la marca y se sabrá qué estrategias se deben llevar a cabo para potenciarlas.

Recursos clave

En este punto se debe identificar la infraestructura necesaria para operar el **Modelo de Negocio**, incluyendo los activos indispensables para llevar a cabo todo el proceso: recursos físicos, intelectuales, financieros y humanos que no pueden faltar para que el producto sea un éxito en el mercado.

Socios clave

Se deben identificar socios, comerciales y proveedores y las alianzas estratégicas que se llevarán a cabo. Los socios clave permiten llevar a cabo el networking, puesto que cuantos más contactos de calidad se tengan dentro del propio mercado, mejores resultados se podrán conseguir.

Estructura de los costes

Es el último punto y se llega una vez que se conocen cuáles serán los recursos necesarios para llevar a cabo la idea y cuánto van a pagar los clientes por el producto; con esto se podrá definir la estrategia que deberá seguir el **modelo de negocio** para mantener la estructura de costes, calculando los gastos de inversión y la rentabilidad de la propuesta, tratando de aprovechar al máximo los beneficios. Se deben decidir entre mantener bajos costes o ser un negocio que se enfoque en crear valor a un precio alto.

Para ello se evaluarán los siguientes puntos clave:

1. ¿Cuáles son los recursos clave más caros y cómo se pueden reducir?
2. ¿Qué actividades clave son las más caras?
3. ¿Cuáles son los costes más importantes para la realización del modelo de negocio?

El diseñar un modelo de negocio es vital para comunicar y difundir el modelo de puesta en marcha de una idea empresarial ya que representa de forma simple y lógica la idea, describiendo el producto que se **ofrece** y cómo se **gana** dinero. Un modelo de negocio funciona mejor mientras más simple y visual sea.

Si el modelo de negocio está bien definido, permitirá responder preguntas clave de la gestión de la organización.

Complex Sales Strategy

El **e-marketplace** que es comúnmente conocido como mercado electrónico, es un mercado virtual donde los compradores y vendedores se reúnen como en un mercado tradicional sólo que, en esta ocasión, todas las interacciones se realizan de forma virtual. El e-Marketplace incluye B2B, B2C, C2C, etc.

Los llamados **e-marketplaces** conectan a compradores y vendedores en un centro "empresas a empresas" (B2B), en las cuales las transacciones on-line pueden ser efectuadas en forma rápida y segura, ya que incrementan la eficiencia para el intercambio de bienes y servicios, al mismo tiempo que minimizan significativamente los costes de las transacciones.

Estos **espacios globales** para los negocios, también conocidos como e-markets o B2B Trade Communities, brindan la posibilidad de relacionar un gran número de empresas, clientes y proveedores en un solo punto de encuentro, y también enlazan automáticamente toda la cadena de operaciones, desde los proveedores hasta el consumidor final y están conformados por diferentes operadores en una actividad común, donde se pueden emplear órdenes de compra, ofrecer productos o excedentes de stock, determinar acuerdos, presentar ofertas o demandas concretas, etc.

Sin embargo, para varios expertos un **e-marketplace** deberá contar con una serie de servicios de valor añadido para poder ser un modelo de negocio de éxito, ya que al final del día no va a ser suficiente cerrar una orden de compra o una transacción a través de este modelo de negocio.

Algunos expertos defienden que un e-marketplace se basa en un modelo de negocio nuevo que no es sencillo de implementar y por lo tanto, tiene que cumplir con una serie de características:

Herramientas sencillas

El e-market tendrá herramientas fáciles de utilizar y que cumplan con las necesidades de los clientes.

Proveedores

Es importante disponer de una gama grande de proveedores para mantener el interés del cliente, brindar valor agregado con contenidos de actualidad y tener la suficiente flexibilidad para poder brindar soluciones personalizadas para cada necesidad empresarial.

Estandarización de catálogos

Es importante definir un "lenguaje único" que se centre en un catálogo de productos y servicios que acoja todo el mercado de punta a punta. Sin esto, las partes negociantes pueden entender de forma diferente las ofertas, generando incongruencias e inconsistencias que terminan en negocios que fracasan.

Por ello, el manejo de un catálogo que se encargue de aunar los criterios de definición, presentación, evaluación y calidad que presenten los productos y servicios comercializados en el e-marketplace se considera un requisito mayor.

Definir las reglas

Un e-marketplace es un lugar donde si bien están definidas las reglas, no tiene una definición clara en principio de qué forma o en qué condiciones las transacciones se realizarán. De hecho, las grandes transacciones demandan negociaciones complejas y los resultados se alejan mucho de la forma "vender este producto a este precio".

El e-marketplace ofrece las herramientas necesarias para que las negociaciones abarquen todas las características de una forma **flexible y confiable.**

Logística

Una vez cerrado el acuerdo, el e-marketplace tendrá las herramientas logísticas para que el acuerdo se lleve a cabo.

Asegurar la calidad

El e-marketplace tendrá incorporados y definidos los mecanismos para asegurar la calidad del servicio. Cuando se concreta un negocio, tiene que estar clara la forma en que se actuará si una de las partes intenta deshacerlo. También deberían estar definidas el tipo de acciones que se puede tomar para validar la transacción o deshacerla.

Servicio al cliente

Es imprescindible crear un área de servicio al cliente donde se ofrezca un soporte a los usuarios, que les explique y enseñe el uso de las diferentes herramientas del e-marketplace, así como las reglas de funcionamiento, y permita que los diferentes participantes hagan uso de la funcionalidad.

Un modelo de negocio único

Un e-marketplace deberá basarse en cinco principales fuentes de ingresos:

1. Pago de cuotas por suscripción de los usuarios.
2. Cobro de un porcentaje sobre las transacciones efectuadas.

3. Ingresos por publicidad.
4. Explotación de la información sobre comportamientos en la web.
5. Ingresos por servicios adicionales abonados (propios) o de terceros (comisionables): consultoría, gestión de acceso a créditos y seguros, desarrollo de páginas web y servicio de comercio electrónico a empresas, logística y mensajería.

Agregadores horizontales/verticales

Se pueden encontrar varias formas en que las empresas pueden estructurarse con el objetivo de realizar comercio electrónico con otras empresas, esto es, de realizar el llamado Business to Business.

El primer gran grupo lo componen aquellas **empresas proveedoras de infraestructuras tecnológicas**. En él se reflejan desde operadores de telecomunicaciones, hasta vendedores de aplicaciones (más en modelos de negocio en B2B).

En segundo lugar, se pueden encontrar aquellos que desarrollan una **actividad de información**, de intermediación o de mejora de procesos relacionados con la compra o venta, situados en dicha tecnología.

Es posible encontrar tres criterios diferenciales en B2B a partir de los que puede realizarse una clasificación, estos son:

1. El mercado en el que se opera: horizontal, vertical, agregador de verticales.
2. El agente sobre el que incurre el papel predominante en la gestión del B2B: sitio de compras, de ventas o neutral.
3. Los servicios ofrecidos: contenido, comercio y/o comunidades.

Mercados horizontales

Los B2Bs organizados de forma horizontal proporcionan bienes y servicios genéricos comunes a varios sectores. Aquí tendrían cabida los MROs (mantenimiento, reparaciones y operaciones) y el resto de suministros indirectos que no forman parte de los procesos productivos.

Este tipo de suministros se caracterizan por su **simplicidad** a la hora de ser parametrizados en términos de compra, teniendo por tanto un desarrollo más rápido. Los mercados horizontales tenderán a una especialización progresiva en el medio plazo.

Mercados verticales

Los mercados verticales se centran en sectores de actividad determinados, bien ofreciendo la posibilidad de comprar o vender inputs de fabricación específicos del sector, o a través de contenidos o comunidades sectoriales.

Moneda virtual

Los **integradores de verticales** tienen una estrategia de negocio que pasa por integrar varios portales de distintos sectores en un solo sitio. Estos mercados suelen surgir de la evolución de B2Bs verticales.

A partir de estos mercados se incorporan otros sectores, aprovechando las posibles sinergias que procedan en una reducción de costes o en una mayor visibilidad. Una **gran ventaja** es que se capitaliza el conocimiento por encima de la operativa y el funcionamiento en un sector, extendiéndose a otros nuevos.

De catálogos a *e-catálogos*

Con el surgimiento del comercio electrónico y de la inclusión de las nuevas tecnologías en el ámbito del comercio, hubo una evolución del catálogo de productos a catálogos electrónicos, también denominados e-catálogos.

Un catálogo electrónico es una publicación online, básicamente se trata de una interfaz gráfica, es decir, una página en la que se muestran los productos y servicios ofrecidos por una empresa. Los catálogos digitales almacenan grandes cantidades de artículos posibilitando organizarlos y clasificarlos de diferentes maneras para que los usuarios puedan realizar búsquedas rápidas y efectivas.

Hay **diferentes catálogos** según las funciones que ofrezcan. Los más sencillos brindan descripciones de los productos y listas de precios, pero no disponen de un sistema de compra ni pago online.

Los catálogos electrónicos tienen como **objetivo** la publicidad, venta, distribución y la atención al cliente. Son la representación digital de una compañía y una forma poderosa de comercio.

Dentro del campo del comercio electrónico se diferencian las **operaciones realizadas** entre empresa y consumidores, y aquellas realizadas entre empresas. Por este motivo, los catálogos electrónicos son buenas formas de comunicación entre una compañía y sus clientes, proveedores u otras compañías. Además, se trata de una herramienta de marketing utilizada cada día más por las distintas organizaciones.

Conflicto de canales

Los conflictos en los canales de distribución son bastante comunes, por lo que es de gran importancia mantener un control de dichos conflictos si no se quieren perder los beneficios de la cadena de distribución.

Se pueden distinguir **tres tipos** de conflictos, que son los más comunes:

Conflicto horizontal

Este conflicto ocurre cuando la cadena de suministro adquiere **canales alternos**, los cuales acaparan clientes que ya estaban siendo abastecidas por otra línea del mismo canal.

Ocurre entre el productor y el mayorista o entre el productor y el detallista. Para controlar este conflicto se analiza la fuerza de ambos canales, y se elimina a uno de ellos.

Conflicto entre productor y mayorista

Se debe a los intentos del fabricante para poder **eliminar a mayoristas** y tratar directamente con los detallistas y los consumidores. Si se eliminan los pagos y utilidades de los mayoristas, se eliminan costos totales, obteniéndose de esta manera un mayor beneficio para el cliente y, por lo tanto, más valor a la cadena.

La tecnología facilita este proceso, ya que con Internet los productos se pueden ofertar siempre en la red y esperar al comprador indicado sin hacer un mayor esfuerzo.

Conflicto entre productor y detallista

Los fabricantes y detallistas tienen a su disposición métodos para conseguir un mayor control. Los fabricantes pueden:

1. Crear una fuerte lealtad a la marca entre los consumidores: una promoción creativa y agresiva es la clave para conseguirlo.
2. Establecer uno o más modos de sistema de marketing vertical.
3. Negarse a vender a detallistas que no cooperan.

Los **detallistas** disponen de armas muy eficaces de marketing, como son:

1. Mejorar los sistemas de información computerizada.
2. Crear lealtad a la tienda entre los clientes.

AGRADECIMIENTOS

«Quisiera, en este punto, agradecer a muchas personas que me han animado y prestado su ayuda para terminar este libro. No ha sido fácil, pero agradezco sus constantes palabras de aliento.

También a mi familia y amigos, quienes me han apoyado, acompañado y soportado.

Especialmente a Ana, que ha contribuido como correctora y para poner un poco de orden en este proyecto.

A todos ellos, GRACIAS.»

www.ingramcontent.com/pod-product-compliance
Lightning Source LLC
Chambersburg PA
CBHW080536220526
45465CB00016B/2241